# 心理学 A to Z

## 【基礎から臨床まで】

原 千恵子 [編著]
奥村 水沙子
小泉 晋一
佐瀬 竜一
佐野 友泰
関口 洋美
森田 啓吾
山下 雅子
和田 有史

学苑社

# はじめに

　本書は心理学の立場から、人を理解し援助するために必要な知識や技能を身につけられるようにと考え作られている。本書の構成は、基礎心理学と臨床心理学からなっている。この2領域を一緒にした理由は人を理解し、援助するために、この領域を統合することにより、いっそう理解が深まると考えたからである。具体的にいうなら、人の一般的、基本的行動を理解することにより、臨床的な手段や方法がよくわかるということである。たとえば刺激と反応の結びつきから人の基本的行動である学習理論が説明され、そこから行動療法が生まれた。ロールシャッハ（Rorschach, H. 1844-1922）は知覚と人格の関係から、ロールシャッハテストを作った。人を理解し援助するためには、この2領域を離さず一緒に学んだ方がわかりやすい。

　2領域を同時に載せているので、各領域としては量が少なくなっている。しかし、どの章も必要なことを簡潔に述べており、図や表を多くして具体的に理解しやすいようになっている。繰り返し、必要事項について学んでほしい。エッセンスとして基本的な知識や援助の方法が理解できていれば、実際的な援助にあたって事例ごとにクライエントとともに悩み、考えることでよい方向が見出されるはずである。心理的ケアにおいては実際の臨床体験の中で培うものが大事なので、多くのクライエントに出会って、種々のことを学んでほしい。

　心理学専攻の学生にとっては、本書は入門書として、広い範囲の知識や技能が得られるであろう。また社会福祉系の学生には、心理学関連の知識と人間関係に必要な技能を本書から得てほしい。近年、社会福祉への関心とニーズが高まり、多くの人材が求められ、質の向上が期待されている。福祉の仕事は、対人関係が多くを占める。そのため社会福祉にかかわるかぎり、どんな部署においても人間理解は必須である。

　心理学専攻や社会福祉関連の学生にかぎらず、心理学はすべての人々に必要な知識や技能である。多くの一般社会人にも読んでいただきたい。

　執筆者は、基礎心理学には主として新進気鋭の若手に、臨床心理学には主として中堅以上の経験者をあてている。基礎心理学には、人間理解に必要な基礎的知識と最新の研究成果も盛り込んである。後半の臨床心理学領域は、臨床経験を積んだ者が、実際に心

理学的技能を活用する際の諸問題を考慮しながら執筆した。

　本書を基本に人間理解と援助の方法を学び、多くの場でその知識や技能を生かしていただければ、執筆者一同にとって望外の喜びである。

　なお、本書は学苑社　佐野　正社長のご好意と編集部の皆様、特に担当の木村咲子さんのご努力により出版できました。

　著者一同心より感謝申しあげます。
　　　　　　　　　　　　　　　　　2005年10月　著者を代表して　　原　千恵子

# 目　次

はじめに　1
基礎心理学

## 第1章　心理学で何を学ぶか　……………………………………8

1.1　研究対象　8
1.2　研究方法　8
1.3　人についての基本的理解　9

## 第2章　心理学の歴史　………………………………………………10

2.1　心理学が成立するまで　10
2.2　心理学の成立　11
2.3　ヴント以後の心理学の展開　11
2.4　心理学の発展　13

## 第3章　動機づけと欲求　……………………………………………14

3.1　動機づけとは　14
3.2　生物学的欲求と心理学的欲求　14
3.3　欲求の階層　16
3.4　親和動機と活動や探索の動機づけ　17
3.5　内発的動機づけと外発的動機づけ　18
3.6　内発的動機づけを高める要因　19
3.7　フラストレーション　20

## 第4章　環境の知覚と認知　…………………………………………24

4.1　感覚・知覚とは　24
4.2　知覚の基本的な特性　26
4.3　環境の知覚　30

 4.4 環境の理解 33

## 第5章 記憶 38

 5.1 記憶の利用と役割 38
 5.2 記憶の種類 40
 5.3 記憶の働きの特徴 42
 5.4 発達過程と記憶 46

## 第6章 学習 49

 6.1 学習とは 49
 6.2 さまざまな学習の考え方 49

## 第7章 知能 58

 7.1 知能とは 58
 7.2 知能の構造に関するモデル 58
 7.3 知能の発達 60
 7.4 学力との関係 61

## 第8章 性格 63

 8.1 性格心理学とは 63
 8.2 性格の類型論 64
 8.3 性格の特性論 66
 8.4 性格の生物学的気質理論 69

## 第9章 人間の発達 71

 9.1 発達とは 71
 9.2 発達の規則性 71
 9.3 遺伝と環境 71
 9.4 発達段階 73
 9.5 各発達段階における特徴 75
 9.6 高齢者の心理 78

## 第10章　社会と人間 …………………………………………………82

10.1　対人認知　82
10.2　対人関係の認知　83
10.3　対人魅力　84
10.4　集団　84

## 第11章　障害について ……………………………………………87

11.1　障害の概念　87
11.2　知的障害　88
11.3　発達障害　90
11.4　偏見について　97
11.5　精神障害　99

臨床心理学

## 第12章　臨床心理学とは何か …………………………………104

12.1　臨床心理学の研究法　104
12.2　関連職業領域と地域における援助　104
12.3　心理療法の歴史　105
12.4　心理療法の対象　106

## 第13章　心理アセスメント ………………………………………108

13.1　アセスメントとは　108
13.2　心理テスト　110

## 第14章　臨床心理の理論と技法 ………………………………123

14.1　精神分析　123
14.2　分析心理学　128
14.3　来談者中心療法　132

14.4 行動療法　135
14.5 認知行動療法　141
14.6 ゲシュタルト療法　145
14.7 箱庭療法　148
14.8 コラージュ療法　153
14.9 森田療法　157
14.10 催眠療法　161
14.11 自律訓練法　164
14.12 交流分析　170
14.13 EMDR　176

装丁　大野　敏

# 基礎心理学

# 第1章　心理学で何を学ぶか

　心理学は人の心を対象にした学問である。人は人の中で生まれ、育つ。そのため、人は生後すぐから自分や他者に関心を持ち、人について探求を続けながら一生を終えるともいえる。その中で自己実現を追及するという、ある意味で人はみな同じ課題を背負っている。では、心理学を学ぶことが、生きる上でどのような役に立つだろうか。また他者理解や援助に役立つだろうか、これらを課題として心理学を学びたい。

## 1.1　研究対象

　心理学で対象とするのは、客観的に把握でき、科学の対象となり得る人の行動である。心理学で行動という場合、単なる体の動きばかりでなく、言語表現、表情、態度、内部的な筋肉や臓器の働きなども含む。心理学を科学として成立させるという観点から、これまで研究対象についてこのように定義されてきているが、実際には客観的に把握できない領域をも多く含み、人に行動を起こさせるものは何か、そこにどのような法則があるかを追究するのが心理学である。

## 1.2　研究方法

　一般的に心理学の研究方法として、実験、調査、測定、観察、面接、検査（テスト）、事例研究などがあげられる。データもそれぞれの方法に応じて得る。心理学ではこれまで得られたデータを数量を中心として分析してきた。しかし、最近では数としては表現できない、人が語った言葉、映像に残された行動、作品などの質的データから行動を規定するものを引き出そうとする、質的研究が注目されてきている。質的データの中にはこれまで、数的に表現できないために分析の対象とされなかったり、切り捨てられたデータも多い。それらを拾い上げることで、より精密に柔軟に行動をとらえようとする新たな方法である。質的研究においては研究が実際にどのように役に立つかということが研究の価値とされる。つまり研究において、人が生活しているそのままの姿をと

らえ、そこから生活に役立つ理論を引き出そうとする。

## 1.3 人についての基本的理解

① **人がどのように環境を理解し行動を起こすかを学ぶ**
　人は対象を物理的に、あるままを把握するわけではない。環境をどのように知覚し、認知するか。そしてどのようなときに行動を起こすか。その行動を規定するものは何かについて学ぶ。

② **人の知的側面について理解する**
　知能や学習や記憶について学ぶ。生得的や後天的に得られた知的働きにより、人は行動を変容させ、環境に働きかける。知的働きとはどのようなものを指すのか、人はどのような方法によりそれを獲得していくのか。

③ **性格や個人差について学ぶ**
　性格はどのような観点から類型化されるか、また最近の性格論でどのような研究がなされているか。

④ **人の一生の発達について学ぶ**
　受精から死まで人の発達はどのような筋道を通るか。人の一生はさまざまだが、発達という視点から見ると規則性も見えてくる。人の発達の一般的な筋書きをも理解しよう。

⑤ **人と社会**
　人は社会にどのように適応し、変えていくのだろうか。どのように上手く人とつきあって、人の中で成長を続けるのだろうか。

　心理学的知識を得ること、その知識を自分や他者へ応用し、生きるヒントを得たり、他者援助に役立てることが心理学の目的である。しかし、実際にわかっている知見はさほど多くはないし、得られている成果もしばしば、書き直されるという事実がある。つまり、心理学は発展途上の学問で、未知の部分が大きい。自分を知ることさえ簡単にはいかない。しかし、人類の長い歴史の中でわかったことや、1人の人の生き様からわかったこともある。そのようなことを含めて心理学で学ぼうとしていることは、人の心とは何か、その働きはどのようなことに規定されるのかであり、どのようにして上手く生活していくか、どのようにして他者を理解し、援助するかなどの実際的な問題の対処の方法である。

# 第2章 心理学の歴史

## 2.1 心理学が成立するまで

現在の「科学としての心理学」は、成立して約100年しか経過していない。しかし、心への関心は遙か昔より存在し、19世紀以前にはおもに哲学の分野で取り上げられていた。たとえば、アリストテレス（Aristoteles. B. C. 322-382）は感覚と理性のつながり、心の階層、記憶における連想の法則を提唱し、デカルト（Descartes, R. 1596-1650）は心身二元論を提唱し、心の探求方法としての内省を重視した。

18世紀イギリスでは、「心は経験を通して次第に形成される」と考える経験主義哲学が台頭した。ロック（Locke, J. 1632-1704）は、「人間はタブラ・ラサ（ラテン語で拭いてきれいにした石版）の状態で誕生する」と主張した。感覚的経験とそれを内省することによって白紙の状態から徐々に知識（観念）が蓄積され、心が形成される。さらに観念同士が結合することにより（連合）、複雑な心の働きが形成されるとした。その後、バークリー（Berkeley, G. 1685-1753）は、より経験を重視した「知覚（経験）されるものだけが存在する」という知覚中心主義を、ヒューム（Hume, D. 1711-1776）は「類似した、もしくは接近した観念がまとまる」とする観念連合の法則を提唱した。客観的な人間の経験を重視する経験主義は、後の科学としての心理学の誕生に大きく影響をおよぼした。

19世紀初頭、生理学の領域で心の一部である感覚・知覚が取り上げられるようになった。これは顕微鏡などの実験機器が発達し、研究方法が大幅に飛躍して研究対象が広がりを見せたことが背景にある。1840年代には、物理的な刺激と感覚の対応関係を数値化しようとする試みが起こり、ウェーバー（Weber, E. H. 1795-1878）の法則が提唱された。さらにフェヒナー（Fechner, G. T. 1801-1887）は両者の関係を調べるための研究方法、精神物理学を体系化した。精神物理学は心を数量的に測定することを目指す現代の心理学の成立に多大な影響をおよぼし、その研究方法は現在でも使用されている（基礎心理学4.2.1参照）。

また、生理学や解剖学が発展し、動物の構造や生態に関する多くの発見がなされた。

同時期に、「知能や行動、表情について動物と人間には連続性が存在する」とダーウィン（Darwin, C. R. 1809-1882）が主張したことによって、動物と人間の比較研究が行なわれるようになった。厳密な実験を用いて動物の行動を調べる動物実験によって人間の心や行動を追及する手法が用いられ、心理学の発展に貢献した。特に学習理論（基礎心理学第6章参照）は動物実験によって発見されたものが多い。

このように、19世紀頃より現代の「科学としての心理学」が成立する素地が徐々に精神物理学、動物実験などにより作られていった。

## 2.2 心理学の成立

独立した1つの学問としての心理学が成立した一応の目安として1879年をあげることができる。この年は「実験心理学の父」と呼ばれているヴント（Wundt, W. M. 1832-1920）がライプチヒ大学に心理学実験室を創設し、カリキュラムにヴントの心理学のゼミナールが正式に組み込まれた、つまり心理学が教育制度の中ではじめて認められた年である。

ヴントは、直接人間が経験可能な「意識」を心理学の研究対象と考えた。環境を厳密に統制した実験室内で、刺激（例：光）を与えたときの意識的経験（例：まぶしい）を、いつも一定の反応を報告できるように訓練した被験者に報告させるという手続き（内観法）を用いて調べた。外からコントロールしやすい感覚・知覚をおもな対象として、細かく要素に分解して研究しようというヴントの実験心理学は世界中に知られ、多くの者が実験室を訪れて世界に普及していった。

## 2.3 ヴント以後の心理学の展開

ヴントの心理学が普及するにつれて、各地から異なる考え方や理論が生じてきた。20世紀初頭のアメリカでは、ワトソン（Watson, J. B. 1878-1958）が意識を重視するヴントの心理学に反発する形で行動主義を提唱した。目に見えない主観的な意識でなく、客観的に観察可能な行動を取り扱い、いかに行動を予測しコントロールするかを考えることが心理学の目的であると主張した。スキナー（Skinner, B. F. 1904-1990）は行動主義の考えを実験的に検討して理論化させた。この主張はアメリカの心理学全体がより客観的で実際のデータを重視する「方向」に発展する契機になり、行動療法の誕生にもつながっ

た。その後1930年代に入り、アメリカでは客観的な行動のみを対象とする行動主義に対して、人間の内側にある期待や信念などの認知も重視する新行動主義（例：トールマン（Tolman, E. C. 1886-1959）やハル（Hull, C. L. 1884-1952））が主張されてきた。新行動主義は認知心理学の成立に寄与し、認知心理学は認知行動療法の発展に影響をおよぼした（臨床心理学14.4、14.5参照）。

　ワトソンとほぼ同時期にドイツでは、意識を要素に分解するヴントに反発し、細かく分析できない1つのまとまりとして意識をとらえるべきとするゲシュタルト心理学が、ケーラー（Köhler, W. 1887-1967）とコフカ（Koffka, K. 1886-1941）の協力を得て、ウェルトハイマー（Wertheimer, M. 1880-1943）によって創始された。おもに、知覚を扱い、ゲシュタルトの法則や仮現運動（基礎心理学4.2.5、4.3.1参照）などの重要な概念を提唱した。後にゲシュタルト心理学は、知覚のみならず、記憶、思考、集団にまで研究領域を徐々に拡大し、認知心理学をはじめとする現代の心理学の礎となった。レヴィン（Lewin, K. 1890-1947）による集団の研究は後の社会心理学の成立に影響を与えた。

　オーストリアではフロイト（Freud, S. 1856-1939）が神経症の治療経験をもとに精神分析という独自の理論・治療法を体系化した。フロイトは意識以上に、本人が意識していない「無意識」が行動をより規定するとして行動、心における無意識の役割を重視した（臨床心理学14.1参照）。当初フロイトに同調していたユング（Jung, C. G. 1875-1961）やアドラー（Adler, A. 1870-1937）は後にフロイトから離れ、それぞれ分析心理学、個人心理学という別派を立ち上げた。精神分析は後の臨床心理学の発展に寄与し、現在でも重要な役割を果たしている。

　20世紀後半に入り、行動主義に反発する別の流れとして、人間性心理学が生じてきた。本人が直接体験したことや人間が生得的に持っている自由な意志を重視し、個人の独自性や健康で積極的な面（例：自己実現）を強調する立場で、マスロー（Maslow, A. H. 1908-1970、基礎心理学3.3参照）、ロジャーズ（Rogers, C. R. 1902-1987、臨床心理学14.3参照）の名をあげることができる。人間性心理学は行動主義、精神分析に続く第3勢力といわれている。

　このように20世紀には、ヴントに対するさまざまな批判的発想が登場し、研究対象も感覚・知覚のみならず記憶、感情、行動、無意識、自己実現、集団、認知と広がりを見せていった。

## 2.4 心理学の発展

　研究対象が広がるにつれて、社会の要求に応える実践的な活動や、研究が行なわれるようになった。現在では心理的問題に対処する臨床心理学（臨床心理学参照）、人間の成長過程を解明する発達心理学（基礎心理学第9章参照）、人と人のかかわりや集団の特徴を明らかにする社会心理学（基礎心理学第10章参照）、心を情報処理システムとみなして知覚・注意・記憶・感情・言語・思考などの解明を目指す認知心理学（基礎心理学第4、5章参照）、学校の教科教育や生徒指導に心理学の知識を活用しようとする教育心理学、性格や知能などの個人差を明らかにするための心理測定（基礎心理学第7、8章参照）、職業適性や職場のメンタルヘルスを考える産業心理学、心身の健康を追求する健康心理学など多くの領域でさまざまな活動や、研究が行なわれて一定の成果を挙げている。また、文化人類学、神経科学、人間工学、言語学、脳科学、認知科学など他の領域と協力して行なう学際的研究も近年活発に行なわれている。

参考文献

大山正・岡本夏木・金城辰夫・高橋澪子・福山章（1990）『心理学のあゆみ〔新版〕』
　有斐閣．

サトウタツヤ・高砂美樹（2003）『流れを読む心理学史―世界と日本の心理学―』
　有斐閣．

佐藤達哉（2005）『心理学史の新しいかたち』　誠信書房．

梅本尭夫・大山正（1994）『心理学史への招待―現代心理学の背景―』　サイエンス社．

# 第3章 動機づけと欲求

## 3.1 動機づけとは

　動機づけ（motivation）の問題は心理学で古くから議論されている研究テーマである。それは、生活体（人や動物）を行動に駆り立てているもの、あるいは、動かしているものは一体何かという問いに発する。動機づけとは、生活体に、ある目標に向けての行動を始発させ（始発性）、その行動を維持し（持続性）、一定の行動に導く（目標志向性）、一連の行動過程のことである。動機づけという用語は、人や動物の行動を説明するために用意された概念であり（構成概念）、動機づけそのものを直接に観察することはできない。つまり動機づけの存在は、生活体の行動の観察を通して推測的に仮定されているのである。動機づけの基盤には、食欲や睡眠欲などの生理学的・生物学的要因から功名心や利他心などの複雑で高次な心理学的要因までもが関与している。そのために研究の対象は、ネズミやサカナなどの動物の摂食行動から人間の愛着行動や社会的行動までもが含まれていて非常に広範囲である。本章では、動機づけに関連する生物学的な要因と心理学的な要因についての説明を中心にする。

## 3.2 生物学的欲求と心理学的欲求

### 3.2.1 動因と誘因

　ある行動が引き起こされるためには、生活体の内部には必ず「欲求（要求）」があり、生活体の外部には必ず「目標」が存在する。飢えや渇き、呼吸、睡眠、排泄、体温の維持などの欲求は生命を維持するために不可欠であり、多くの動物に共通して観察される欲求でもあるために、生物学的欲求（生理的欲求）と呼ばれる。生物学的欲求に対応した行動が生起するためには、生活体の内部に内的刺激が生じ、外部には外的刺激が存在する必要がある。この内的刺激は動因（motive）と呼ばれ、外的刺激は誘因（incentive）と呼ばれる。

　行動が生起するためには動因と誘因の両方が必要である。動因は生物学的欲求が高ま

った状態に対する心理的な結果でもある。すなわち、食物に対する生物学的欲求の結果が飢え（飢餓動因）を生じさせ、水に対する欲求が渇き（渇動因）を生じさせる。飢餓動因に対応する誘因が食物であり、渇動因に対応するのが水である。誘因は生活体が行動を起こすための目標でもある。生活体に生物学的欲求としての飢餓動因や渇動因が高まり、外部に誘因としての食物や水が存在することによって、動因を低減させるための行動が引き起こされる。そして、飢えや渇きが満たされることによって目標に向けての行動が終息する。

### 3.2.2 ホメオスタシス

　生物学的欲求にはホメオスタシスが大きく関与している。ホメオスタシスとは、アメリカの生理学者キャノン（Cannon, W. B. 1871-1945）が提唱した概念である。生活体が生命を維持するためには、身体内部が比較的恒常で平衡状態が維持されている必要がある。ホメオスタシスは身体内部の平衡状態を維持するためのシステムでもある。具体的には、食物を何時間も摂らないと血液中の血糖値が低下して、身体内部の平衡状態が失われる。このときに生活体は飢えを感じて、食物を摂取するための行動に駆り立てられる。そして、食物を得ることによって身体内部の平衡状態が回復する。ハルは、ホメオスタシス性の不均衡によって動因が生起し、この動因を低減するために何らかの行動が引き起こされると考えた。これを動因低減説と呼ぶ。

### 3.2.3 一次的欲求と二次的欲求

　欲求は生物学的なものばかりではなく、社会的・心理的な欲求もある。たとえば、人から好かれたい、人に認められたい、経済的な成功をおさめたいなどの欲求は心理学的欲求と呼ばれる。生物学的な欲求を一次的欲求と呼ぶのに対して、心理学的欲求を二次的欲求と呼ぶこともある。一次的欲求が生物学的に規定された欲求であるのに対して、二次的欲求は一次的欲求によって動機づけられた行動が基盤にあり、社会的接触や学習によって後天的に形成されたものである。また、本来は一次的欲求を満たす手段であったものが次第に目的化して、その手段そのものが二次的欲求として形成されることもある。具体的には、金銭は本来、一次的欲求を満たす手段として社会的に確立されたものであるが、次第に金銭そのものを得ることが行動の目標とされるようになった。この場合は金銭が二次的欲求の誘因として機能しているといえる。

## 3.3 欲求の階層

人間の社会が動物の社会よりも複雑かつ多様であるように、人間の欲求は動物の欲求よりも複雑であると考えられている。動物の行動は飢えや渇きなどの生物学的な欲求にもとづいていると想定されているが、人間の行動は生物学的な欲求だけではなく、名誉欲や金銭欲、承認欲求、利他心などのさまざまな欲求によって動機づけられる。マスローは人間の欲求は5つの階層によって構成されていると考えた（図3-1参照）。これを欲求の階層（ヒエラルキー）という。

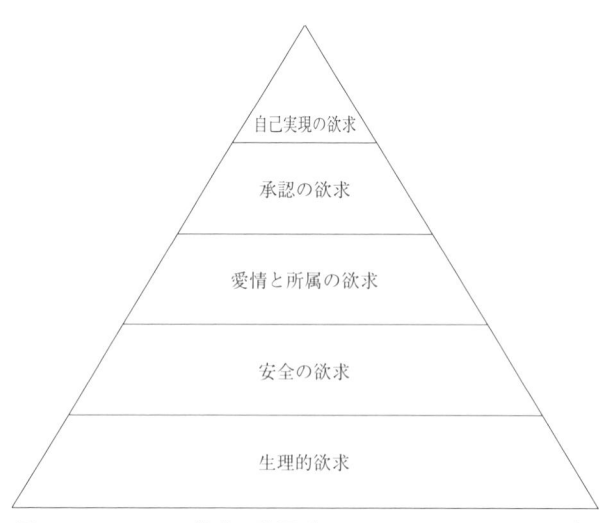

**図3-1　マスローの欲求の階層（Maslow, 1968をもとに作成）**

マスローによれば、欲求の階層はまず本能的で基本的な欲求が最下層に位置し、階層が上がるほど欲求が高次元なものとなり、最上層には自己実現の欲求が位置する。マスローが想定した欲求を下から順にあげていくと、①生理的欲求（飢えや渇き、睡眠、性、排泄などの生命の維持や生存に必要な欲求）、②安全の欲求（危険や災難から逃れ、安全で安定した場所や状況を求める欲求）、③愛情と所属の欲求（他者からの愛情を求める欲求と集団に所属して一員として認められる欲求）、④承認の欲求（他者から認められ、承認され、尊厳を保つ欲求）、⑤自己実現の欲求（自分が潜在的に持っている可能性を最大限に発揮する欲求）の順になる。

生理的欲求から承認の欲求までの欲求は、それが満たされれば満足感が生じて緊張が解消されるので欠乏動機と呼ばれている。一方、自己実現の欲求は、それが満たされて

も次々と高次の欲求が生じて、行動することそのものが目標になるので成長動機といわれる。人間は生理的欲求などの低次の欲求が満たされれば、次の階層の欲求を求めるようになる。そして、すべての欲求が満たされた後に、最上層にある自己実現の欲求が出現すると考えられている。マスローは晩年になって、自己実現の欲求よりも高次の欲求として自己超越の欲求が位置することを想定した。自己超越の欲求は、自己実現の欲求を超えていて、しかも個人の存在をも超越した究極の人間欲求である。これは、東洋思想でいう悟りやニューエイジ思想において宇宙意識との一体化などと表現されている言葉に近い概念でもある。自己超越の欲求という考えは、後にトランスパーソナル心理学の思想的基盤へと発展した。

## 3.4 親和動機と活動や探索の動機づけ

マスローの欲求の階層にある自己実現の欲求や承認の欲求は人間特有の欲求と考えられている。一方、生理的欲求は生物学的な欲求である。ここでは、人間ばかりではなく人間以外の動物にも確認することができる準生物学的・準社会的な動機づけを紹介する。その動機づけとは、親和動機と活動や探索の動機づけである。これらは多くの動物で共通して観察することができる。

### 3.4.1 親和動機

親和動機（affiliation motive）は、他者と友好な関係を形成して、それを維持しようとする社会的動機のことである。多くの動物では、親が子どもの世話をし、子どもが親を慕い依存する傾向が高まる時期がある。親の養育行動は子どもの姿や仕草、泣き声によって解発され、動物の種が下等なほどホルモンの分泌状態などの内的要因が大きく関与する。また、ある種の動物では、種内の強者の威嚇行動に対して、弱者が首や腹などを無防備にさらすことがある。これを宥和的行動と呼び、親和性の現れとして解釈されることもある。

親和動機の研究は人間を対象にして行なわれることも多い。社会心理学者のシャクター（Schachter, S. 1922-）は、心理学実験の参加者を、電気ショックに対する不安を与える群とそうでない群とにわけた場合、不安を与えられた群の被験者ほど親和動機が高まり、他の学生と一緒にいることを好む傾向にあることを実証した。つまり、人間の場合には不安やストレスが高まると、自分と類似した状況にある他者と一緒にいたいと願

い、親和動機も高まると考えられる。

### 3.4.2　活動や探索の動機づけ

　活動や探索の動機づけには、中枢神経系内にある覚醒中枢（脳幹部の網様体賦活系）が関与している。覚醒中枢は睡眠・覚醒・興奮などを司る部位である。この覚醒中枢が適度に働いているときには、心身の機能はもっとも統合され、快適な気分が体験される。しかし、大勢の前でスピーチをするなどの緊張を伴う場面では、一般には覚醒中枢の機能が過剰に高まり、過覚醒・過緊張の状態となる。このような覚醒水準が過剰に高まった状態では、統合性のある行動をとることができなくなる。たとえば、人前であがってしまってパニックに近い状態になり、適切な行動（上手にスピーチをするなど）がとれなくなることなどは身近に体験されることであろう。

　一方、平和で安楽な状態が長く続くと、覚醒水準が低下して「退屈さ」を感じるようになる。そして、何らかの刺激や変化が求められるようになり、活動や探索の動機づけが高まる。つまり刺激が少ないときや弱いときには、中枢神経の覚醒水準を高めるために新しい刺激が必要とされ、そのために新たな活動や探索行動が開始される。感覚遮断の実験では、人間が適度な刺激を必要としていることが端的に実証されている。実験の被験者に食事と排泄以外の行動をまったく行なわせず、視覚・聴覚・皮膚感覚を遮断した状態で仰臥させておくと、実験が開始された直後にはよく眠るが、2日間以上をその状態で過ごすと心理的な正常性を欠いたさまざまな現象が体験されるようになる。それは、思考の乱れや幻覚的なイメージの想起、身体的な違和感などである。したがって、正常な心理状態を維持するためには適度な刺激が必要とされる。適度な刺激が中枢神経系内に入力されない場合には、心理的に異常な体験がもたらされるようになると考えられる。そして、覚醒水準を適度な状態に保つためにも、われわれは適切な活動や探索行動を必要とするのである。

## 3.5　内発的動機づけと外発的動機づけ

　人間が行動を起こすときには、自分から興味や関心を持って積極的に何かをする場合と他者からの要請で行動する場合とがある。子どもが勉強をする場合には、自分から興味を持って本を調べる場合と、親や教師に叱られるので仕方なく勉強をする場合とがある。前者のように、自分の興味や関心、好奇心から端を発してなされる行動は内発的動

機づけによるものである。それに対して、後者のように他者からの叱責や罰の回避を目的にして、あるいは賞賛や報酬の獲得を目的にしてなされる行動は外発的動機づけによるものである。内発的動機づけと外発的動機づけとの違いは、行動の動機が外から与えられる賞罰に依存するかしないかの違いにあるとみなすこともできる。

子どもが自ら興味を持って自発的に何かを調べたり何かを創作したりする場合には、それは内発的動機づけにもとづいた行動であると理解される。このように子どもが内発的動機づけによって何かに取り組んでいるときに（たとえば自発的に勉強しているときなど）、外部から報酬を与える（小遣いを与えるなど）と内発的動機づけが低下することが知られている。これは、外部から報酬を与えられることによって、内的興味から行動をしているという認識がなくなり、自分は報酬を獲得するために行動をしているのだという認識が高まるからであると解釈されている。そして内発的動機づけの根底には、自己決定することへの欲求（自己決定感）や有能であることに対する欲求（自己有能感）があると考えられている。

## 3.6 内発的動機づけを高める要因

教育現場などで学習者を支援する際に重要なことは、学習指導要領に明記されているように「自ら学び自ら考える」力を育てることである。学習者が自分で問題を発見して、自分で目標を設定し、自分でそれを成し遂げるようになるためには、内発的動機づけが重要な役割を果たす。この内発的動機づけを高める要因としては、知的好奇心や達成動機、自己効力感などが関与していると考えられている。

### 3.6.1 知的好奇心

知的好奇心（epistemic curiosity）は内発的動機づけを構成する主要な要素であり、知識の獲得を志向する傾向のことをいう。知的好奇心には拡散的好奇心と特殊的好奇心の2種類がある。拡散的好奇心は退屈などの原因により知識や情報に対する欲求が高まった結果として、明確な目標を持たず幅広く情報を求めようとする傾向である。特殊的好奇心というのは、特定のテーマに関する情報だけを求めようとする傾向をさす。拡散的好奇心は知識の範囲を広げて、バランスのとれた知識体系を形成することに有用である。それに対して特殊的好奇心は、特定の領域の知識をさらに深め、一貫性のある知識体系を築くために重要である。

### 3.6.2　達成動機

達成動機（achievement motivation）とは、より高い目標に近づくことや少しでも高い成果を挙げようとすること、他人よりも優れた業績を残したいと思うことなど、物事に高い目標を立て、それを高い水準で完遂させようとする動機づけのことである。達成動機が高い人ほど、高い目標を設定し、困難や障害を克服し、努力を持続させ、目標を達成しようとがんばる傾向にある。達成動機は学業成績や仕事に対する熱意と密接に関係している。また、達成動機は原因帰属とも関係がある。原因帰属とは出来事の成功・失敗の原因の推測を行なう認知的過程のことであり、ワイナー（Weiner, B. 1935-）によれば原因帰属の要因は、内的帰属と外的帰属に大別される。達成動機が高い人は、成功の原因を自分の能力や努力などの内的要因に帰属させやすい（内的帰属）。そのために、自尊感情が高まり、達成動機もさらに高まる。一方、達成動機が低い人は、成功の原因を課題の難易度や運のよさに帰属しやすい（外的帰属）。そのために、成功しても自尊感情が高まることはないので、達成動機も高くならない。

### 3.6.3　自己効力感

自己効力感（self efficacy）とは、ある成果を生み出すために必要な行動を自分自身がどれだけ上手く成し得るかについての確信や信念のことをいう。すなわち自己効力感の高い人とは、自分自身が行為の主体であることを自覚しており、自分で自分の行為をきちんと統制することができるという信念が強い。したがって、自己効力感が強い人ほど困難な状況に直面しても、それを克服して目標を達成するまでの行動が持続しやすいと考えられる。自己効力感という概念を提唱したバンデューラ（Bandura, A. 1925-）によれば、自己効力感の高低には4つの要因が関与している。それらは①成功体験（成功体験が多いほど自己効力感が高くなり、失敗体験が多いほど低くなる）、②モデリング（自分が直接体験しなくても、他人の成功体験を観察することで自分も同じ事態に対処できると期待するようになる）、③社会的な説得（ある行為が承認され励まされ、勇気づけられれば自己効力感が高まり成功の機会も増える）、④自分の生理的状態に対する注意（ある行為に伴う高揚感や充実感に注意が促進されれば自己効力感も高くなる）の4つである。

## 3.7　フラストレーション

生活体が何らかの原因によって欲求の充足を阻止された状態をフラストレーション

（frustration）という。フラストレーションは欲求不満の他に、要求不満、要求阻止、欲求阻止と訳される場合もある。フラストレーションが生じる原因としては、①物理的障害（ほしい物が手に入らないなど）、②能力的欠乏（試験に合格できないなど）、③欲求の葛藤（拮抗する欲求が同時に存在して選択ができない）がある。

### 3.7.1 欲求の葛藤

　レヴィンは、欲求の葛藤（conflict）を①接近－接近型、②接近－回避型、③回避－回避型の3つにわけた（図3-2参照）。接近－接近型の葛藤は、A社とB社の内定をもらったがどちらの会社に入社すればよいのかと悩むように、選択肢が複数存在していて、いずれの選択肢も魅力の程度が同じ場合に生じる葛藤である。接近－回避の葛藤は、海外旅行に行きたいけれども治安や政情に対して非常に不安を感じている場合などに相当し、ある欲求を満たすためには代償となるようなリスクや不利益が伴っている場合に見られる。回避－回避型の葛藤は、勉強の嫌いな子どもが塾に通うか家庭教師をつけるかを自分で選択しなくてはならない場合のように、魅力が乏しく嫌な対象の中から意思決定をして行動を選択しなければならないときに生じる葛藤である。

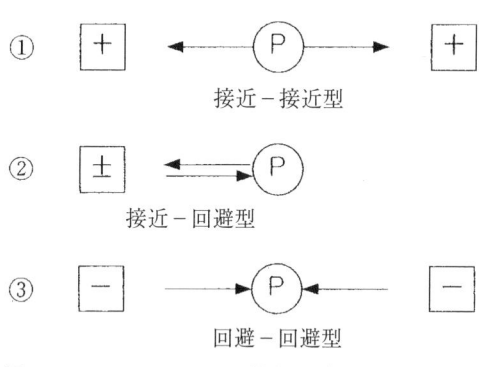

**図 3-2　コンフリクトの三基本型**（Lewin, K. 1935）
Pは人、＋と－は正と負の誘発性

### 3.7.2 フラストレーション反応

　フラストレーションが生じた場合に、生活体はこの不快な緊張状態を解消しようとする。欲求不満を解消するための行動（フラストレーション反応）には3通りある。それは①合理的・合目的的反応、②防衛機制にもとづく準適応的な反応、③不適応反応の3パターンである。合理的・合目的的反応は、欲求充足の原因となっている障害を適切に合理的に除去し、本来の目的をスムーズに遂行させようとする適応的な反応である。

防衛機制にもとづく準適応的な反応とは、合理的な行動がとれない場合やフラストレーションが非常に強い場合に、不快感や緊張の緩和を解消するために一時しのぎ的になされる反応である。防衛機制とは、自我の脅威となるような出来事や願望、感情、本能的衝動などを無害なものや現実に適したものに変換しようとする無意識的な対処方法である（臨床心理学14.1参照）。

　不適応反応は、極度に強いフラストレーションが長期間持続する場合や防衛機制に失敗した場合に生じやすい。代表的な不適応反応には、①攻撃反応、②退行反応、③固執反応の3つがあげられる。また、フラストレーション状況で、不適応反応を起こすことなく合理的な反応で対処し得る個人の能力差をフラストレーション耐性という。

　攻撃反応については、ダラード（Dallard, J. 1900-1980）らが提唱したフラストレーション攻撃仮説が有名である。この仮説によれば、フラストレーションが高まることによって攻撃動機が高まり、攻撃反応が引き起こされる。ローゼンツワイク（Rosenzweig, S. 1907-）は、フラストレーションによって引き起こされる攻撃反応の向け方には、他者に怒りを向ける他責と、自分自身に向ける自責、自分にも他者にも向けない無責の3種類があるとした。そして、フラストレーション状態の攻撃反応の個人差を測定するための検査を開発した（臨床心理学第13章参照）。

　フラストレーションによる退行反応とは、フラストレーション状況が長期化することなどによって、より原始的な幼い反応が生起するようになることをいう。たとえば、子どもに魅力的な玩具を与えて遊ばせた後に、その玩具を取り上げてその玩具で遊ばせなくすると、魅力的な玩具を手に入れる前に比べて、より幼い遊びをするようになることが観察される。精神分析の考えによれば、発達過程においてリビドーの充足が満たされないと、性本能がその段階に固着して前進しなくなる。このリビドーの固着は成人になっても影響をおよぼしていて、強いフラストレーション状況におかれると神経症的症状や強迫行為や摂食障害などの症状が出現するようになると解釈されることもある。

　固執反応は、たとえばネズミに解決不能な選択課題を与えフラストレーション状況におくと、ネズミは試行錯誤的な反応をしなくなり、同一の反応をひたすら繰り返すようになる。すなわちフラストレーションによって、目的のない無意味な反応のみが引き起こされ反復されるようになる。このような、単一の行動のみが繰り返されるようになることを固執反応とか異常固執という。

参考文献

藤本忠明・栗田喜勝・瀬島美保子・橋本尚子・東正訓（1993）『ワークショップ心理学』 ナカニシヤ出版.

鹿取廣人・杉本敏夫（1996）『心理学』 東京大学出版会.

マスロー, A. H.　上田吉一訳（1998）『完全なる人間―魂の目指すもの―』 誠信書房.（Maslow, A. H.（1968）『Toward a psychology of being』 Van Nostrand Reinhold Company Inc.）

# 第 4 章　環境の知覚と認知

## 4.1　感覚・知覚とは

### 4.1.1　感覚と感覚間相互作用

　われわれは感覚（sensation）からの情報により環境がどのようであるかを知り、行動する。ここでいう感覚とは視覚・聴覚・皮膚感覚・嗅覚・味覚のいわゆる五感（五官）である（運動感覚・平衡感覚・内臓感覚などを加えることもある）。それぞれの感覚には光、空気の振動、皮膚への圧や温度の変化、大気中の化学物質、舌に触れた化学物質などの外的な環境を知る手がかり（適刺激：adequate stimulus）に反応する感覚受容器がある。感覚受容器の信号から、見る・聞く・触る・嗅ぐ・味わうなどのさまざまな様相の経験が生じる。これらの感覚の様相を感覚モダリティ（sensory modality）といい、観察者が体験する環境の記述を知覚（perception）という。感覚受容器は適刺激以外（不適切刺激：inadequate stimulus）によって反応することもある。たとえば、まぶたを閉じて、眼球をまぶたの上からゆっくりと押すと、もやっとした光が見える。また、強い刺激が、本来直接は関係がない反応を引き起こすこともある。冷たいものを食べると頭が痛くなる、まぶしい光を見るとくしゃみが出るといった現象はよく体験される。

　知覚は感覚ごとに生じると考えられがちであるが、実際には感覚同士が相互に影響しあう。たとえば、腹話術では、動いていない腹話術師の口ではなく動いている人形の口が音声を発しているように感じられる（腹話術効果：ventriloquist effect）。また、単一の視覚的フラッシュに2回のビープ音（ピピッという音）が伴うと、2回フラッシュが点滅したように見える。前者は視覚の聴覚に対する影響、後者は聴覚から視覚への影響があることを示している。空間については視覚、時間については聴覚の分解能が優れており、これらの例は、信頼性の高い情報が知覚により大きな影響を与えるように感覚間相互作用が生じることを示している。

### 4.1.2　遠刺激・近刺激・知覚

　物理的に存在する世界（遠刺激：distal stimulus）と、感覚受容器に到達し、何らかの

作用を引き起こす信号（近刺激：proximal stimulus）と、われわれが経験する知覚は必ずしも一致しない。たとえば、図4-1aのような図を白い紙に描いてみよう。×と○の間は5cm～6cmほどあける。この図を、左目を閉じて、右目のみで×を注視し、ゆっくりと前後させてみると、○がまったく見えなくなる距離がある。これは盲点という網膜上に視細胞が存在していない箇所（図4-2参照）に○が投射されているためである。しかし、そこは何も見えていないのではなく、「白い紙」が存在しているように見えてくる。では、図4-1bのような図を白い紙に書いてみよう。＋と直線の途切れは5cm～6cmに離す。これを先ほどと同様に＋を注視し、隙間を盲点に当ててみると、隙間はなくなり、直線が見える。この現象を盲点の充填（filling in）という。われわれは盲点に視覚的な経験の欠落が生じないように、その周囲の情報から、そこにもっともありそうな事象を構築し、補って知覚しているのである。ここでは、紙とそれに描かれた図そのものが遠刺激、盲点部分が欠落した網膜に投射された像が近刺激、盲点部分の欠落を補った図を見た体験が知覚である。この例から、知覚は近刺激と経験的・先見的知識を手がかりとして能動的に再現された環境の心的な記述であることがわかる。

　このような刺激と知覚のずれを浮き彫りにするのが幾何学的錯視（geometrical illusion：図4-3参照）である。ここでは以下の形態的な知覚的特徴についての錯視の例をあげる。①方向・傾きの変化：a、b、②形の変化：c、d、③整列の変化：e、f、g、h（e、fは角度・方向錯視として分類されることが多い）、④距離の変化：i、j、⑤大きさの

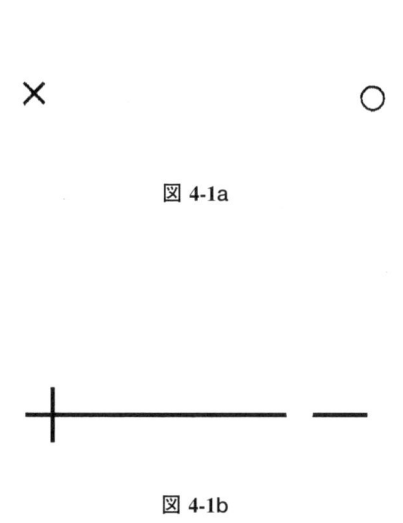

図 4-1a

図 4-1b

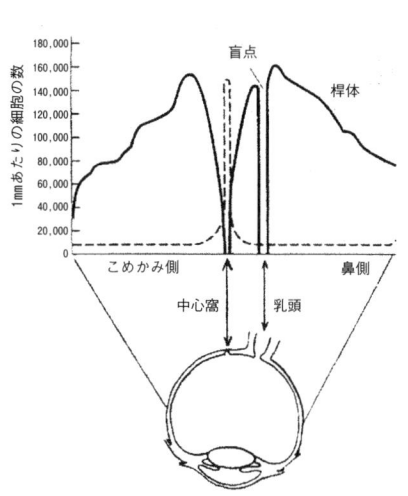

図 4-2　視細胞の分布（Pirenne, M, H. 1962 Rods and cones In Davson (Eds.), The eye. Vol.2：New York：Academic Press. Pp13-29.）

変化：k、l、m、n（大きさの同化・対比錯視とも呼ばれる）、⑥主観的輪郭の形成：o、⑦面の形成：o、p、q。

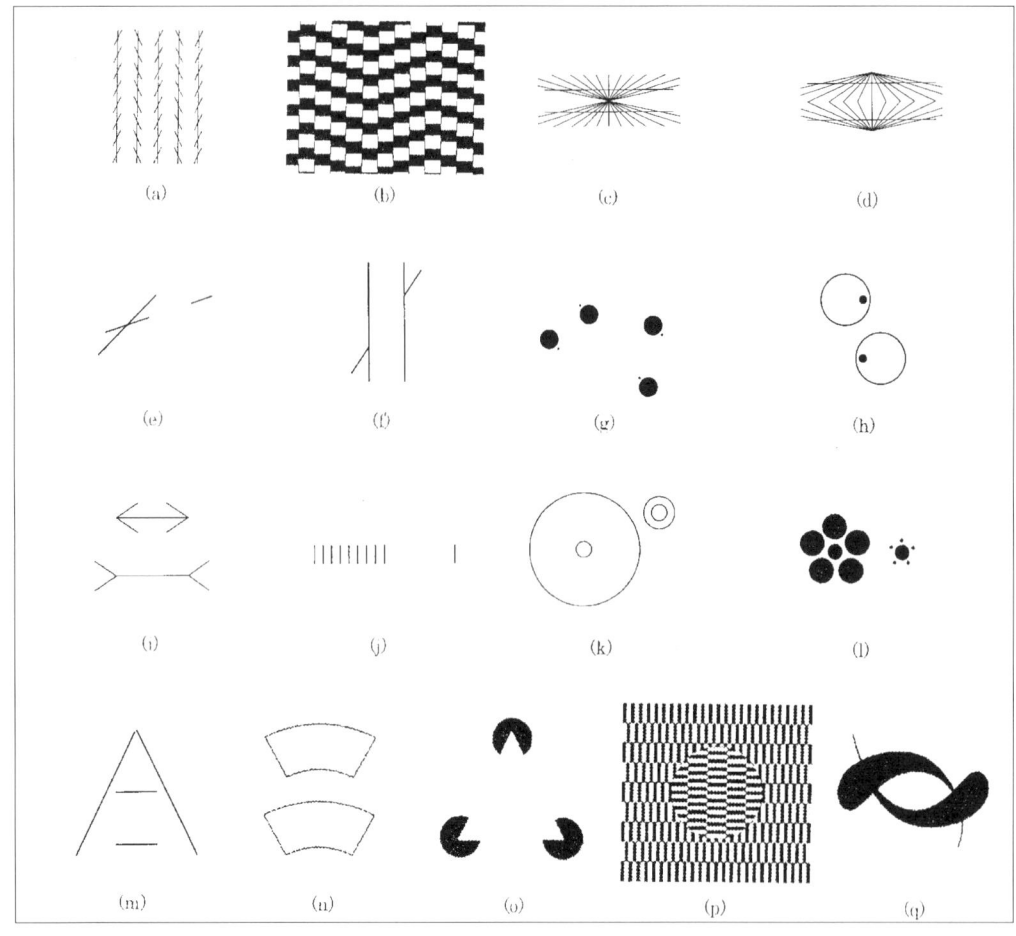

**図 4-3　幾何学的錯視**
(a) ツェルナー錯視、(b) ミュンスターバーグ錯視（カフェウォール錯視）、(c) ヘリング錯視、(d) ヴント錯視、(e) エビングハウス角度錯視、(f) ポッゲンドルフ錯視、(g) 重力レンズ錯視、(h) ジョバネッリ錯視、(i) ミューラー・リヤー錯視、(j) オッペル・クント錯視、(k) デルブフ錯視、(l) エビングハウス錯視（ティチナー錯視）、(m) ポンゾ錯視、(n) ジャストロー錯視、(o) カニッツァの三角形、(p) オオウチ錯視、(q) カニッツァの重なりの錯視

## 4.2　知覚の基本的な特性

### 4.2.1　閾と心理量

　真っ暗な部屋で、眼前にある光点が物理的に存在しても、それが非常に弱いと見えない。そこで、徐々に光の強さを増すとやがてその光が見える。この知覚が生じるか生じ

ないかの境目の値が絶対閾（absolute threshold）である。ある感覚における、ある強度の刺激の物理量（$I$）ともう１つの刺激の物理量に差があっても、その差がとても小さいと両者の区別はできない。ここでぎりぎり強度差を感じられる物理量の差と、感じられないそれとの間の値を弁別閾（differential threshold：$\Delta I$）という。弁別閾は比較する刺激の物理量に比例する（ウェーバーの法則：Weber's law：$\Delta I / I =$一定）。この法則から、心理的に感じる刺激の強さ（$\psi$）が物理量（$I$）の対数に比例するというフェヒナーの法則（Fechner's law：$\psi = c \log I$（$c$ は定数））が導き出された。

### 4.2.2 環境への順応

夜、電灯を消した直後はまわりの様子が見えないが、次第に部屋の様子が見えてくる。再び電灯をつけると、非常にまぶしいが次第にまぶしくなくなる。これは視界の暗さ（明るさ）に順応し、光に対する感度が上がった（下がった）ためである。これを順応という。順応（adaptation）した光の強さにより判断の基準となる中性的な点（順応水準：adaptation level）が変化し、同じ光の強さでもまぶしく感じたり、暗く感じたりする。順応はあらゆる知覚的特性に対して生じる。

### 4.2.3 注意

明所でのわれわれの視力は網膜の中心部（中心窩）でもっともよく、周辺では急激に低下する。このため、われわれは視野内の特徴的な像に注意（attention）し、それが中心窩に投射されるように頭や眼球を動かして観察する。たとえば、図 4-4 の斜めの線分は、図の中で特徴的であり、他の線分よりも目立って見える（ポップアウト効果：pop out effect）。また、聴覚でも似た効果がある。非常に騒がしい場所でも、自分の名前をささやかれるとそれに気づく。さらに、大勢の人が会話している中で、自分の話し相手の言葉のみを聴くことができる（カクテルパーティ効果：cocktail party effect）。

逆に、注意していない部分ははっきりとは見聞きしていない。たとえば、ある写真と、その一部を修正したものを灰色の画面をはさんで交互に見せると、観察者の多くはその写真の変化になかなか気づかない（チェンジ・ブラインドネス：change blindness）。しかし、その変化に気づくと、その変化が存在する箇所に注意が向き、その変化が簡単に検出できるようになる。

第 4 章　環境の知覚と認知

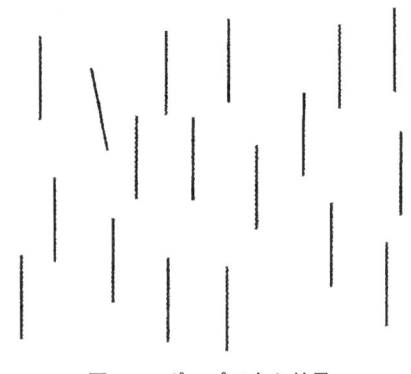

図 4-4　ポップアウト効果

### 4.2.4　図－地の分化

われわれには視野の中でより小さな領域、閉じた図形、規則的な形態、有意味な図形を図（figure）とし、それ以外の領域を地（背景：ground）として観察する傾向（図－地の分化）がある。たとえば図 4-5 を見ると、観察者ははじめ、黒い背景上に存在する無意味な多角形を観察するが、アルファベットであることに気づくと、黒い LIFE の文字が見える。また、図となる手がかりが曖昧であると、図と地が交互に入れ替わる現象（図－地反転）が生じる。図 4-6 のルビンの盃（さかずき）という図－地反転図形では、白い領域に注意すると盃、黒い領域に注意すると向かい合った 2 人の横顔に見える。盃と横顔の見えは交互に現れ、両者は同時には見えない。図と地の分化には輪郭線をピックアップする必要がある。ルビンの盃では、白と黒の境界線は図となった領域の輪郭線となり、地の領域とわけている。

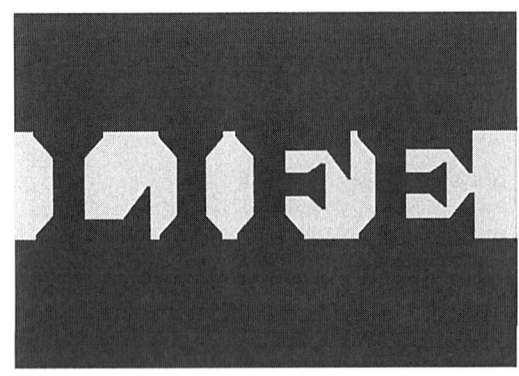

図 4-5　多角形？

図 4-6　ルビンの盃

## 4.2.5 体制化の法則

　視野内に複数の図が見出されたときに、それらは視野の中に無秩序に存在するのではなく、群化の法則（ゲシュタルト要因：Gestalt factors）にしたがい、まとめて知覚される（図4-7参照）。また、われわれは、解像度が粗い画像からも多くの情報を抽出している。たとえば、図4-8は、一見モザイク模様にすぎないが、目を細めてみるとリンカーンの顔が見える。これは視覚系に粗い画像情報（低空間周波数）を処理する過程と、細かい画像情報（高空間周波数）を処理する過程の両者が並行して存在しているためである。

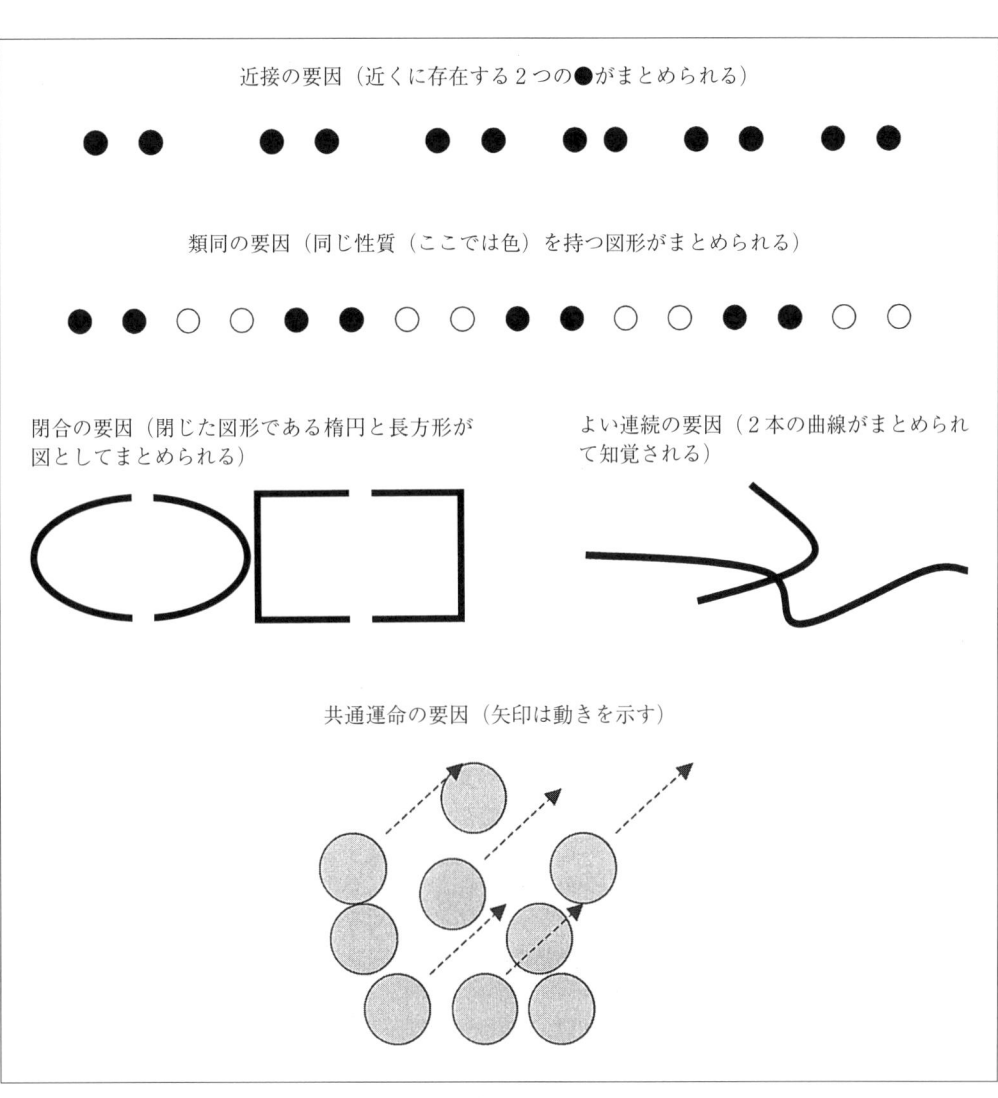

**図 4-7　体制化の要因**

第4章　環境の知覚と認知

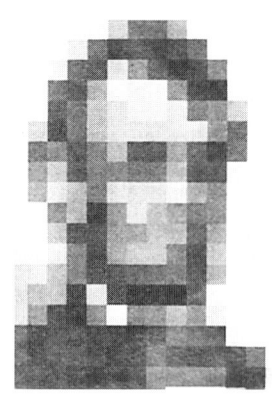

図 4-8　リンカーン（マー, D. 乾敏郎・安藤広志訳　1987 『ビジョン』　産業図書より）

## 4.3　環境の知覚

### 4.3.1　運動の知覚

　アニメーションは、実際は静止画像の連続であるが、それを観察すると単なる静止画像の連続ではなく、鮮やかな運動が知覚される。このような連続的に提示される静止画像を観察することにより知覚される動きを仮現運動（apparent motion）という。このように、われわれは網膜像の変化から環境や自己の運動を知覚する。観察対象の網膜像上での動きの中から保たれている不変的な構造を見出すことにより、動くパターンの中から対象の構造や運動を知覚できる。その好例が生物学的運動（biological motion）である。たとえば、図4-9aは、図4-9bの「種まく人」の、関節を□（四角形）で表したものである。ご覧の通り、静止画像ではでたらめに並んだ複数の四角形に見えるが、これが運動するとそのほかの情報を排除してあるのにもかかわらず、人の動きが観察される。同時に、観察者は光点間に骨格が存在し、関節の曲がる方向、さらに背景としての地面などを見出している。

　車を運転しているときに、視野の中心にあった進行方向の道路は拡大し、視野の周辺に流れていく。このとき、われわれは正面の道路の拡大ではなく、自分の前進を知覚する。ボールが自分に向かって飛んでくるときにも、その網膜像は拡大するが、ボールの膨張ではなく、接近を知覚する。これらの2つの例の共通点は、観察している対象の構造（形や大きさを含む）の変化ではなく、その構造を保った対象との奥行き距離の変化を知覚していることである。このように、われわれは運動事象を観察するときに、外界に存在するであろう物体の形態ができるだけ変化しない知覚を形成する傾向がある（最

**図 4-9** 生物学的運動で提示される関節（「種まく人」（ミレー作　山梨県立美術館）を例として）

小変化の原理：principle of minimum change）。両者の違いは、前者の例においては視野全体が拡大するが、後者の例においては視野の一部のみが拡大することである。これは観察対象の運動は背景の動きとの差によって知覚されることを示している。月の周囲で雲が風に流されている情景を観察すると、雲ではなく静止している月が雲と逆の方向に動いているように見える（誘導運動：induced motion）のもその一例である。錯覚的な運動は先行経験によっても生じる。たとえば、滝をしばらく眺めた後に周囲の静止した岩肌に目を移すと、岩肌が上昇しているように見える（滝の錯視：waterfall illusion）。これは、一定方向の運動を長く観察した後に静止した対象を観察すると逆方向の動きを知覚する運動残効（motion after effect）という現象である。

### 4.3.2　3次元の知覚と大きさの恒常性

　視覚による3次元知覚の手がかりとして、眼球運動性の手がかりと視覚性の手がかりがある。眼球運動性の手がかりは水晶体調節（ピントの調節）と輻輳（両眼の角度）である。視覚性の手がかりは単眼性手がかりと両眼性手がかりにわけられる。単眼性手がかりには、視野内での位置・相対的大きさ・対象の重なり・線遠近法・肌理の勾配・陰影・大気遠近法などがある。これらの単眼性手がかりは遠近法を駆使した絵画に見出すことができる。また、観察者自身の運動や観察している物の運動によって生じる網膜像の運動も3次元空間の知覚の重要な手がかりである（運動視差：motion parallax、運動奥行き効果：kinetic depth effect）。

両眼性手がかりとは両眼視差（左右の網膜に投影された像の差：binocular disparity）であり、両眼視差による奥行き知覚は、さまざまなステレオグラムで体験できる。両眼視手がかりは、比較的距離が短い対象を観察するときに有効である。それに対して単眼視手がかりは、遠距離の奥行き知覚にも有効な手がかりである。

ところで奥行きの知覚は、大きさの知覚に密接に関係する。同じ大きさの物体でも観察距離が増加すれば物体の網膜像は小さくなるが、知覚される大きさは一定を保つ（大きさの恒常性：size constancy）。これに関連して、残像は網膜上での大きさが一定であるが、その知覚される大きさは、観察者から投影される面までの距離に比例する（エンメルトの法則：Emmert's law）。たとえば、カメラのフラッシュの残像を手元にうつして見るよりも遠くの壁の上にうつして見た方がはるかに大きく見える。これに似た現象として、天空の月と地平線近くにある月は網膜像での大きさは変わらないにもかかわらず、前者よりも後者の方が大きく見えるという月の錯視（moon illusion）がある。これは奥行き手がかりが豊富な地平線近くの方が遠くにあるように見えるために生じるという説が有力である。

### 4.3.3 色の知覚

可視光線（見ることができる光）はごくかぎられた周波数（およそ380ナノメートル〜760ナノメートル）の電磁波である。これが網膜の中心部にある錐体（cone）に十分に投射されるとさまざまな色を知覚する。錐体には長波長（赤色光）・中波長（緑色光）・短波長（青色光）に対して最大の感度を持つ3種類しか存在しないが、これらの細胞の興奮の度合いによって、さまざまな波長の違いを知覚できる。この色覚の仕組みを利用しているのがカラーテレビである。カラーテレビの画面を近づいて見てみると、上記の3色の蛍光体が並んでいる。これらの蛍光体の光の強さの組み合わせにより、さまざまな波長の光に対する反応と同様の反応を錐体に引き起こし、あたかもその波長が画面に存在しているような知覚が生じる。

ところで、ある波長の光が必ずしも一定の色の知覚を生じさせるわけではない。青みを帯びたサングラスをかけると、はじめは視野全体が青っぽくなるが、慣れると普通の色に見えてくる（色順応：color adaptation、物体色の恒常：color constancy）。これに関連して、赤い四角形をしばらく見た後に無色の面を見ると、薄い緑色（補色に近い色）の四角形が残像として見える（陰性残像：negative after image）。また、周囲の明るさや色、形態も観察対象の色の知覚に影響をおよぼす（いくつかの例を図4-10に示す）。

a 明るさの対比　　　　　　　　　　　b 明るさの同化

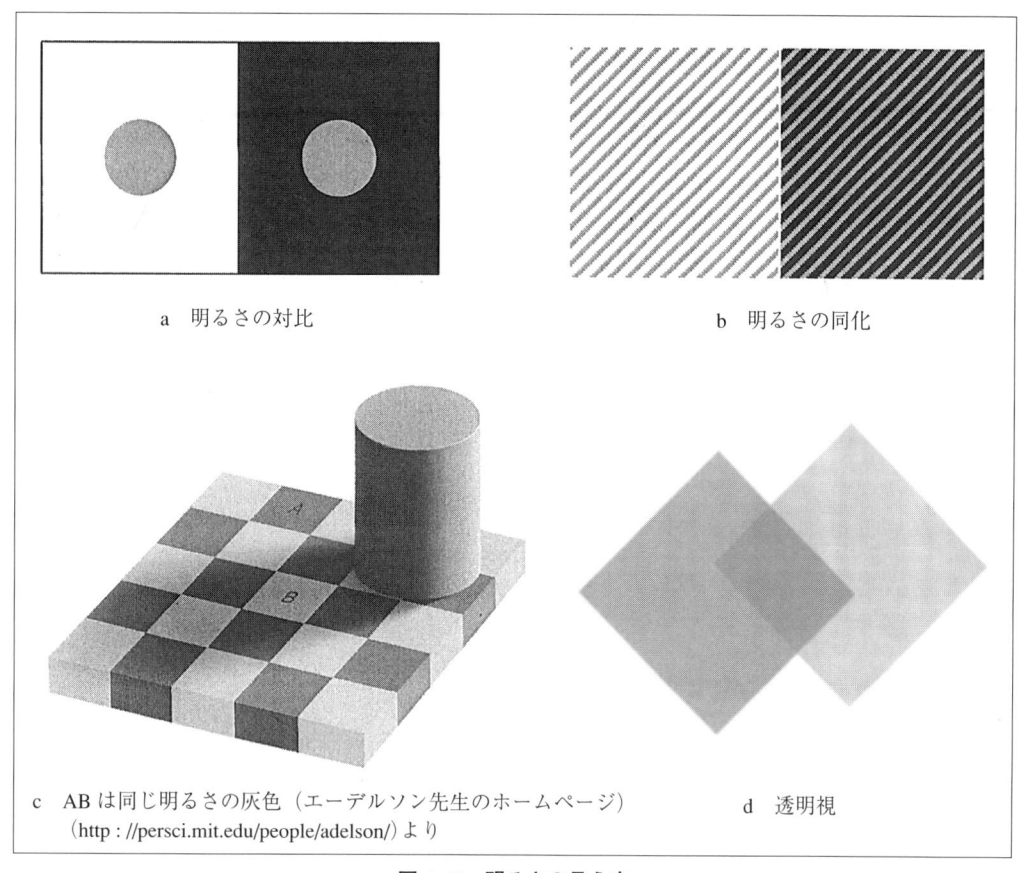

c ABは同じ明るさの灰色（エーデルソン先生のホームページ）　　d 透明視
（http://persci.mit.edu/people/adelson/）より

図 4-10　明るさの見え方

## 4.4　環境の理解

### 4.4.1　表象とは何か？

われわれが環境内で適切に行動するためには、眼前のものが何であり、自身にとってどのような意味があるかを認知（cognition）する（環境についての知識を得て、それを組織立て、活用する）必要がある。たとえば、赤信号を見たとき、われわれは進行を禁止している記号であることを理解し、停止する。このような外界の情報を意味づけする、心の中に表された何らかの記号を表象（representation）という。表象は実に多様である。「赤信号」というような言語的な概念、それに伴う意味（通行禁止を意味するなど）、画像的なイメージもすべて表象である。

## 4.4.2 概念とカテゴリー化

　犬は個体によって外見がずいぶん異なるが、街で出会うとすぐにそれが犬とわかる。このように、われわれが外界を認知するときには、多少の違いを超えていくつかの共通しやすい特徴（属性：attribute　犬であれば、「吠える」、「毛が生えている」など）によって形成される概念（concept）にしたがって分類（カテゴリー化：categorization）する。ただし、同一の概念に属するものでも、すべてに共通する属性というのはなかなか存在しない。たとえば、ある家族に含まれる成員では、父親と母親はまったく似ていない（共有する属性がない）が、2人の間に生まれた子どもは両者に似ている（父母と属性を共有している）。このように、カテゴリー内の共通性は厳密なものではなく、曖昧なものを受け入れる類似性（家族的類似性：family resemblance）によって成立する。概念同士もある程度の関係性がある。たとえば、「犬」は「動物」というより上位概念と結びつき、チワワ・飼い犬・盲導犬などのさまざまな下位概念もある。このような構造を階層構造という。

　それぞれの概念は共有する特徴で関係づけられ、意味ネットワーク（semantic network）を形成すると考えられる（図4-11参照）。それぞれが共有する特徴が多いほど、その概念間の結びつきは大きくなる。たとえば、「鳥」といわれて、「すずめ」と「ペンギン」のどちらが思い出しやすいだろうか？　よほどペンギンが好きな人を除いては、「すずめ」のほうが思い出しやすい。鳥といえば「飛ぶ」、「翼がある」、「くちばしがある」といった特徴が付随して思い浮かぶ。「すずめ」はこれらの典型的な特徴を満たしているのに対して、ペンギンは「飛ぶ」という特徴を満たさないだけではなく、「水中で泳ぐ」という、普通の鳥にない特徴があるからである。

　意味ネットワークが存在する証拠としてプライミング効果（priming effect）がある。たとえば、「看護師」という言葉を見た後、「蛙」という無関係の語の語彙判断よりも、「医者」、「病院」などの結びつきの強い単語の語彙判断（実際に存在する単語かどうかの判断）の方がすばやく判断される。これは、あらかじめ認知した概念によって、関連する事柄についての知識が活性化しても、関連しない知識よりも、すばやく判断ができるためであると考えられている。このように概念によって外界の事象をカテゴリー化することにより、知覚・学習・記憶・予測・推論において、効率的な処理を行なうことができる（認知的経済性：cognitive economy）。

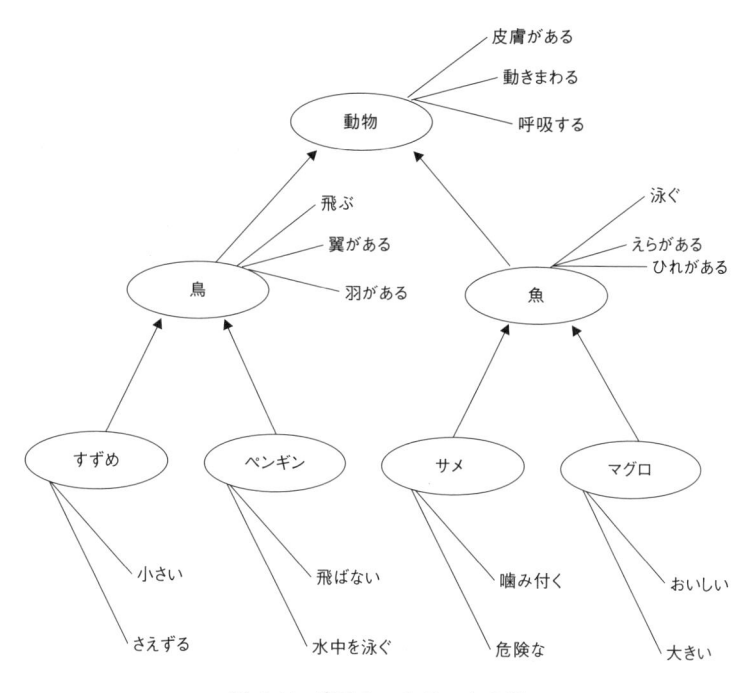

図 4-11 意味ネットワークの例

### 4.4.3 アナログ表象

「100円玉の表には何が書いてあるか」と尋ねられると、われわれは100円玉の見た目（心的イメージ：感覚入力なしに生じる知覚の擬似的なイメージ）を思い浮かべる。このような、具体的で、感覚モダリティの様式に依存した表現の形式を持つ表象をアナログ表象（analogical representation）という。それを示す好例が心的回転（mental rotation）である。図4-12のような図形を観察し、両者が同じ物体かどうかを判断するとき、両者の回転した角度の差が大きいほど、その判断に時間がかかる。これは観察者がこの課題を遂行するにあたり、心の中で図形のイメージを回転させていることを示唆する。

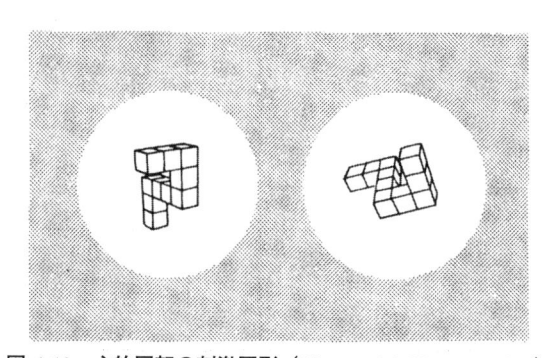

図 4-12 心的回転の刺激図形（Shepard & Metzler, 1971）

## 第4章 環境の知覚と認知

### 4.4.4 スキーマと知覚の循環説

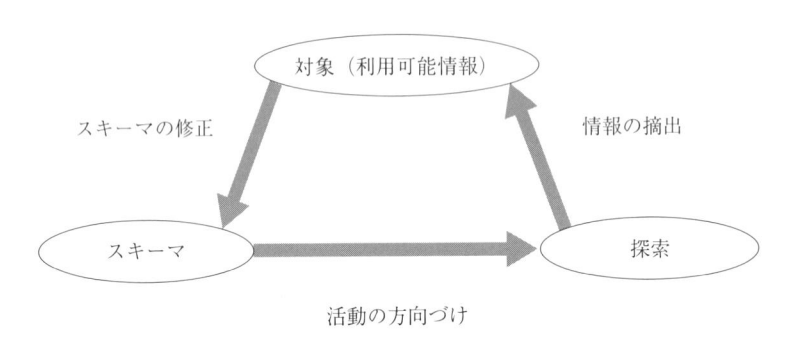

われわれは、よく勘違いをし、それを修正する。たとえば、人ごみの中で、遠くに友人を見かけたと思い、声をかけようと近づいてみると別人であったりする。ここで、最初に見かけたときの、背格好やファッションなどのわずかな情報によるアナログ表象が、自分の友人という概念に当てはまり、その人物に対するさらなる観察や、近づいて声をかけるという行動をうながしている。このような、その後の知覚的な探索や行動を規定する過去の経験や、環境についての構造化された知識の枠組みをスキーマ（scheme）という。スキーマにもとづいて、より多くの情報を探索した結果、顔の造作などが明らかになったとき、友人ではないことがわかり、その人物の観察や、声をかけるという行動も中止したのである。環境の理解は、環境に対するスキーマ→スキーマにもとづく外界の探索→対象の利用可能情報の記述→新たな情報によるスキーマの修正→……、というように、環境情報にもとづくスキーマの修正を繰り返し行なうことによって成立する（図4-13参照）。これを知覚循環（perceptual cycle）という。

図 4-13 知覚の循環（ナイサー U. 古崎敬・村瀬晃訳 1978 『認知の構図―人間は現実をどのようにとらえるのか』 サイエンス社. を改変）

参考文献

大山正（2000）『視覚心理学への招待』 サイエンス社.

大山正・今井省吾・和気典二（1994）『新編 感覚・知覚心理学ハンドブック』 誠信書房.

カニッツァ, G. 野口薫訳（1985）『視覚の文法』 サイエンス社.

後藤倬男・田中平八（2005）『錯視の科学ハンドブック』 東京大学出版会.

御領謙・菊池正・江草浩幸（1993）『最新認知心理学への招待 心の動きとしくみを探る』 サイエンス社.

下條信輔（1995）『視覚の冒険　イリュージョンから認知科学へ』　産業図書．

ホフマン, D, D.　原淳子・望月弘子訳（2003）『視覚の文法　脳が物を見る法則』　紀伊国屋書店．

道又爾・北崎充晃・大久保街亜・今井久登・山川恵子・黒沢学（2003）『認知心理学　知のアーキテクチャを探る』　有斐閣アルマ．

ラマチャンドラン, V. S・ブレイクスリー, S　山下篤子訳（1999）『脳のなかの幽霊』　角川書店．

和田有史・増田知尋（2005）「時間知覚における多感覚統合．日本大学心理学研究」26, 12-27．

# 第5章 記憶

## 5.1 記憶の利用と役割

### 5.1.1 記憶の利用と役割

　知覚の働きを通してわれわれが外界の情報を取り入れることは、前章で取り上げた（基礎心理学第4章）。取り入れた情報は、その後のわれわれの行動に広い意味で影響する。このように先行する経験が後続の行動に影響する働きを学習（基礎心理学第6章参照）、あるいは記憶という。2つは似ているが、学習という場合、与えられた刺激（情報）と後続する行動の変化との間にどのような関係があるのかを調べて整理することに重点をおくのに対し、記憶という場合は取り入れられた情報がどのように使われるのかに観点をおく。

　記憶がもっとも強く意識されるのは「忘却」が起こったときであろう。テストで単語が思い出せない、というような知識の忘却はもちろん、使った水道の栓を閉め忘れる（復旧の忘却）、場所への行き方を忘れる、顔を見ても名前が出てこない、銀行に行くのを忘れた（展望的記憶の忘却）、どこにしまったか忘れた（位置の記憶の忘却）など、これらはすべて忘却である。記憶は、われわれの日常の行動の中で頻繁に使われているのである。

### 5.1.2 記憶の測定

　はじめに記憶を実証的に測定したのは1897年のエビングハウス（Ebbinghaus, H.）の実験である。彼は記憶測定のための材料として、経験による単語の覚えやすさの影響を取り除くため、意味の無い言葉（無意味つづり）を多く作りいくつかごとのセットにした。そしてそれらを完全に覚えられるまでの回数を数え、2回目は1回目より、3回目は2回目より覚えるための回数が少なくなるその減った分を、節約率としてそれを元に保持曲線（忘却曲線）を表した。

　現在では記憶の測定のために覚える材料は、図形、言葉、物語、写真などいろいろなものが用いられている。また測定の手続きも単に思い出すだけでなく、不完全なものを

完成させたり別の作業で間接的に記憶を測定したりとさまざまである。

### 5.1.3 記憶してみよう

記憶の働きはメモやビデオのように情報をそのまま記録しておくのとは異なる。そして、その機能の特徴はわれわれが物事を理解したりする上で役立っている。ここでいくつかの材料を記憶し、後のページで思い出すことにしよう。

① これらの図（図5-1）を正確に覚えてみよう

下に書いてある言葉は覚えなくてよい。できるだけ正確に目に焼きつけてみよう。

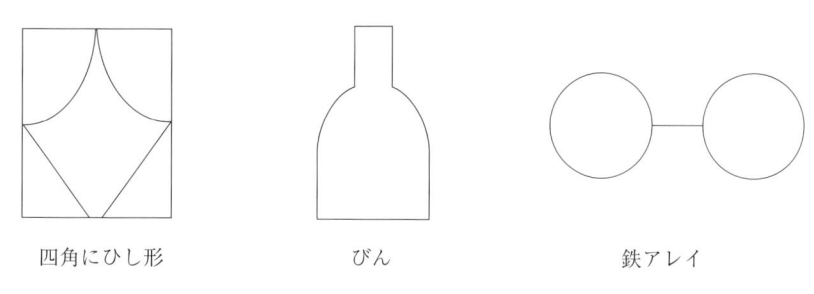

四角にひし形　　　びん　　　鉄アレイ

**図 5-1　これらの図を覚えてみよう（書いてある言葉は覚えなくてよい）**

② この文章を記憶しよう

「手順は実際、まったく単純である。まず、物をいくつかの山にわける。もちろん量が少なければ1つの山でも十分である。もし、設備がないためにどこかよそへ行かなければならないのなら話は別だが、そうでなければ準備は整ったことになる。大切なことは1度にあまり多くやりすぎないことである。つまり、1度に多くやりすぎるよりも、むしろ少なすぎるくらいの方がよい。このことの重要さはすぐにわからないかもしれないが、もしこの注意を守らないとすぐにやっかいなことになるし、お金もかかることになる。最初、全手順は複雑に見えるかもしれない。しかし、すぐにそれは生活の一部となるであろう。将来この仕事の必要性がなくなることを予想するのは困難であり、決して誰もそんな予言をしないであろう。手順が完了した後、材料は再びいくつかのグループにわけて整理される。それからそれらは、どこか適当な場所にしまわれる。この作業が終わったものは、もう1度使用され、再びこのサイクルが繰り返されることになる。面倒なことだが、しかしこれは生活の一部なのである。」

## 5.2 記憶の種類

　記憶は時間経過を伴う心の働きであり、3段階にわかれている（記憶の3段階）。はじめに、情報が入力されて「覚える」段階を「記銘」（符号化）といい、入力された情報を保持しておく「覚えておく」段階を「保持」（貯蔵）、情報を使う段階「思い出す」段階を「想起」（検索）という。想起のときは再生あるいは再認がなされる。ところで忘却が起きた場合、その忘却は「覚えたつもりでもちゃんと覚えていなかった」というような記銘の段階で生じているのか、覚えている段階で情報が変化したり消えてしまったというような保持の段階で生じたものか、また「覚えていたのだがそれを思い出すことができない」という想起のときの問題なのか、忘却が記憶の3段階のどの段階で生じているのかは一概には決められない。

### 5.2.1　記銘の仕方による記憶の種類

　記銘の段階における記憶の種類には大きくわけて、覚えようとして覚える意図的な記銘と、特に覚えようとしなかった無意図的な記銘（偶発記憶）がある。一般的には意図的な記銘を行なったほうが想起されやすくなると考えられるが、偶発記憶でも想起されないということはない（たとえば、フラッシュ・バルブメモリ、目撃証言など）。意図的な記銘は、覚えようとする努力のために情報が変容する場合がある。

### 5.2.2　保持の段階における記憶の種類

　われわれはすべてのことを長い間、覚えていられるわけではない。もちろん小学1年生のときのクラス名など、普段思い出さないのに時間がたっても思い出せるような事柄もある。しかし、メモできないときに聞いた電話番号を少しの間、覚えておくような場合は気をつけていないとすぐに忘れて思い出せない。われわれの記憶の仕組みには、情報を保持できる時間の長さの違いによるいくつかの種類があると考えられている。この仕組みを模型として表したものをモデルと呼び、もっとも代表的なモデルは、情報は段階的に選択されて一部が長期に保存できるようになるというものである。

#### 5.2.2.1　感覚記憶

　はじめに短い間、情報を保持しておく仕組み上の場所があり、この第1の段階を感覚記憶という。外界の情報は感覚器にほんの数秒とどまり、その情報のうちで注意が向け

られたものだけ、もう少し長い時間保持される短期記憶に転送される。

#### 5.2.2.2　短期記憶

感覚記憶の中で注意が向けられた情報は今度はもう少し長く保持できる状態になる。数十秒程度保持でき、その情報について考えたり、意味づけなどの加工ができる記憶を短期記憶という。この短期記憶には入る情報量の限界がある。その記憶範囲は7個くらい、少なくて5個多くて9個くらいとされ、民族、性別を問わずその容量であり、マジックナンバー7±2と呼ばれている。「8、1、4、9、0、1、3、2、9、4、7、2」この数字を1度聞いただけで覚えるのは困難であり、覚えられるのははじめの7～8個くらいであるが「814、901、329、472」のように区切って読んでもらうと、今度は先ほどよりも多くの数字を覚えられる。このように情報をかたまり（チャンク）にまとめると結果的に多くの情報が短期記憶で保持できる。これをチャンク化という。

#### 5.2.2.3　作動記憶

短期記憶の概念を発展させたものが作動記憶（ワーキング・メモリー）である。情報の保持を、短い時間行なうのが短期記憶なら、情報の保持と処理を同時に行なうのが作動記憶である。たとえば、数字「6、3、9、5、2」を逆唱する場合、5つの数列を覚えていなくてはならないし、またその数列を逆にするという処理もしなければならない。このときに使われているのは作動記憶である。作動記憶は特別なものではなく会話をするときに相手の言葉を覚えていたり、計算の最中など日常の生活の中で使われている。作動記憶の仕組みは、内なる声で音を繰り返して保持しておく音韻ループと、イメージのような視覚的メモの役割をする視・空間スケッチパッド、そして、その2つをコントロールする中枢制御部からなっていると考えられている。後述するように情報の一部は長期記憶に転送されるが、必要なときには長期記憶から呼び戻されて出力がなされる。

#### 5.2.2.4　長期記憶

短期記憶の中の情報のうちでよく繰り返されたり（反復リハーサル）、意味づけされたり（精緻化リハーサル）、注意が向いて興味を持たれたりした情報は、今度は長い期間、情報を保持する長期記憶に転送されると考えられる。短期記憶の情報を長期記憶に転送するために、われわれは上手く覚えたり思い出したりするための方法、すなわち記憶方

略を持っている（リハーサル方略、貯蔵方略、検索方略など）。長期記憶の分類はその想起の仕方によっていくつかの種類にわけられている。長期記憶の容量は基本的には無限である。また何十年も思い出さなくても急に故郷のことを思い出すなど、長い間、想起されない情報でも利用は可能である。

### 5.2.3 想起の方法による記憶の分類

　長期記憶は想起の仕方によって2つにわけられる。思い出そうという努力（想起意識）を伴う記憶のことを宣言的（顕在）記憶といい、想起意識の伴わない記憶のことを非宣言的（潜在）記憶という。宣言的記憶の方は意味記憶とエピソード記憶にわけられる。意味記憶とはたとえば、フランスの首都はパリである、電車に乗るには切符がいるなどのような知識の記憶である。エピソード記憶とは、夏に海に遊びに行った、昨日デパートで洋服を買ったなどの、日記のような個人的な体験の記憶である。一方、非宣言的（潜在）記憶はプライミング（基礎心理学4.4.2参照）や、古典的条件づけ（基礎心理学6.2.1参照）、そして技術や習慣の記憶である手続き記憶が含まれる。

## 5.3　記憶の働きの特徴

### 5.3.1　記憶の働き

　記銘されていることを思い出そうとするとき、似たような出来事の内容が混ざって思い出されることがある。たとえばある年の学園祭のことを思い出そうとして、違う学年のときの友達や出来事が混ざって思い出されてしまうなどである。われわれの記憶は似たものはまとめて記銘され（体制化）、想起するときはたくさんの記憶の断片から当てはまる手がかりを使って再構成する。その過程で、情報はそのまま利用されるのではなく多少なりとも形を変えて思い出される。5.1.3の①で覚えた図形、図5-1を思い出して書いてみよう。正解は図5-2の中にある。正確に覚えたはずの図形は少し変形していないだろうか。これはカーマイケル（Carmichael）たちが行なった実験であるが、ある図形を記銘させるときに同時に言葉を示しておくと、想起するときに元の形から言葉の示す物に変形してしまうという例である。

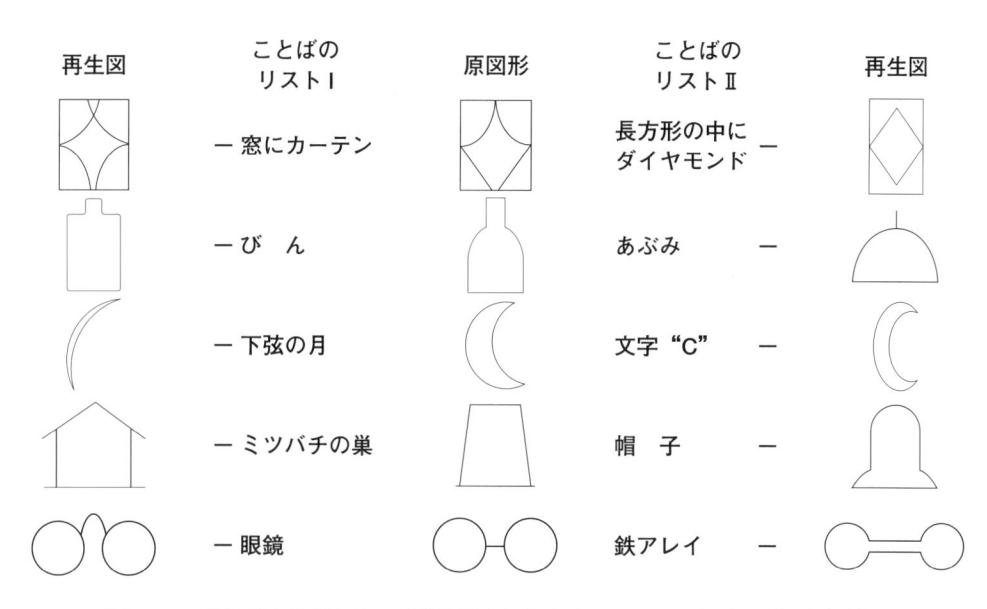

| 再生図 | ことばの<br>リストI | 原図形 | ことばの<br>リストII | 再生図 |

図 5-2 一緒に見た言葉によって記憶が変容する（Carmichael ら（1932）を改変）

## 5.3.2 記憶の確信度と記憶の正確さ

多くの人は自分自身の記憶にある程度自信を持っている。ところが、実は自分の記憶の正しさへの確信度とその記憶の正確さとの間には、はっきりした関係がない。確信度が高い場合に正確さも増す傾向があるという研究結果もあるが、間違っている記憶に対して「自分は、はっきりとそのように記憶している」という強い確信度を持つ場合も少なくない。たとえば、友達と話しているときなどに、互いの記憶が食い違うということはよくある。両者ともお互いの記憶は「はっきり」しており、そのときの周囲の状況なども細かく再現して話せたりするため記憶が食い違っても、その歩み寄りがなかなか、なされなかったりする。しかし誰でも、自分がまざまざと思い出せ自信もあるのに、それが実際の記録と異なっていてキツネにつままれたような気持ちになった経験があるだろう。

一方でわれわれが自分自身の記憶に対して自信を持っていることは大変大事なことである。もしわれわれが、自分が覚えていることに自信がなければ自分への信頼感がゆらいでしまう。記憶はたとえそれほど正確でなくても、本人にとっては思い出される「現実」であり、本人が本人たるために価値があるものだといえるだろう。

## 5.3.3 目撃者の記憶

しかし、記憶はその正確さを社会的に求められるときもある。たとえば事件などにま

第5章　記憶

つわる証拠的情報を求められる「目撃証言」の場面である。そこでの証言は客観的な正しさが求められ、答える側も一生懸命思い出してきちんと答えるであろう。それでも先述したように記憶は他の情報とあいまって変容してしまうことが知られている。ロフタス（Loftus）たちは次のような実験を行なった。はじめに被験者に車と車がぶつかる映像を見せる。この映像に映っている車は互いにぶつかっているのだが、車のヘッドライトは割れていない。この映像を被験者に見せた後に質問をするが、このとき被験者をいくつかの群にわけ、群によって質問を変える。ある群には「車同士が激突したとき、どの位のスピードで走っていましたか」と尋ね、また別の群には「激突した」の部分だけを「ぶつかった」に変えて尋ねた。つまり、被験者は混ざっている言葉が「ぶつかったとき」と「激突したとき」という異なった質問のどちらかに答えたわけである。ロフタスたちの興味は、被験者たちがその後どのように最初の映像を思い出すかということにあった。彼女らは1週間後に再び被験者を呼び「あなたは最初の映像で車のヘッドライトが割れたのを見ましたか？」と聞いた。すると「ぶつかった」という言葉が質問に混ざっていた群の14%が割れたと答えたのに対し、「激突した」と言われた群ではその倍以上の32%が割れたと答えたのである。これは映像を見た後に「激突したとき」という言葉を混ぜて質問されたことで、被験者の映像の記憶が変わってしまったことが考えられる。

### 5.3.4　記憶の働きと正確さ

　ロシアの心理学者のルリア（Luria）が研究していたS氏は、非常にすばらしい記憶力を持っていた。まず彼は見るだけですべてをそのまま記憶してしまい、その記憶は時間がたっても変容することがなく（あたかもビデオやテープのように）記憶され、そして長期にわたりその情報を使うことができた（普通の子どもでも、まれにこれに似たような記憶があり直感像といわれている）。そのようなすばらしい記憶力を持っていた彼であったが、その記憶力ゆえに不便さもあった。たとえばS氏は本を読むのが非常に困難であった。われわれの場合、あるページでは登場人物の子どもを「赤ちゃん」と記し、また他のページでは、同じ子どもを指して「子ども」と書いてあってもそれはまとめて同じものとして理解され、同一人物についての記述であるとわかる。しかしS氏は、各言葉をきわめて具体的にそのまま覚えていて別のものとして認識してしまうため、物語を理解することが非常に困難なのである。またS氏は人の顔を覚えるのも苦手であった。われわれは、ある人が悲しい顔をしたり嬉しい顔をしたりしてもそれらをまとめて

その個人の顔であると記憶するが、S氏においてはくるくる変わる人の表情は、すべて別の顔として記憶されるのである。通常、記憶は情報をDVDやビデオのように記録するものではないことは先に述べた。記憶は情報をまとめようとする傾向や、ばらばらの断片で記憶されている情報を再構成するという側面がある。そしてそれは意味を持ったものとしてまとめられるなど、効率よくまとめられている。

### 5.3.5 記憶が記憶に影響する

　次の文章にはどんなことが書いてあるだろうか。「彼女は大通り沿いにある歯医者のドアを押した。窓口でいくつかの書類に記入すると彼女はソファにすわった。棚には雑誌の最新号が置いてあった。」

　この文には、なぜ窓口に行くのか、いったいどんな書類に何を記入したのか、ソファはどこにあるのか、なぜ雑誌が置いてあるのかといったことは、特に説明されていない。しかしわれわれには、歯医者の中とはだいたいこういうものだとか、歯医者に行ったらおおよそこういう手順を踏むであろうという知識があり、その知識にもとづいた推理で話を補いながら理解している。このように何かを理解するときに使う知識のことを「スキーマ」、「スクリプト」という。スキーマは「〇〇はだいたいこういうものだろう」という知識で（基礎心理学4.4.4参照）、スクリプトは「□□の次はだいたい△△のようなことになるだろう」という台本のような知識である。これらを使い、特に説明されないときには典型的な値（デフォルト値）を当てはめて理解していく。ただし、おおよそは共通した環境にいないと共通したスキーマやスクリプトは持ちにくい。また何か解決しなければいけない問題があるとき、その問題がどのような成り立ちなのかという知識を、問題スキーマ（その問題を形作っているものについての知識という意味）という。初心者と熟達者では持っている問題スキーマの構造が違っていることが知られている。持っている問題スキーマは、問題の解決に影響すると考えられる。また、このスキーマを持ちにくい文章は覚えにくいことが知られている。先述した5.1.3の②の文章を思い出してみよう。これはブランスフォード（Bransford）たちが考えた文章である（Bransford & Johnson, 1972 日本語訳：森, 1991）。この文章には題名がついており、その題名を聞かせられなかった被験者は聞かせられた被験者よりも再生成績が悪かった。ちなみに文章の題名は「洗濯」である。どのくらい思い出せただろうか？

### 5.3.6　少し変わった記憶
#### ①　フラッシュ・バルブ・メモリ

　情報が長期記憶に送られるのは短期記憶でよく処理された場合であるが、衝撃的な事件などの強い感情的な影響を与える出来事については1回だけで鮮明に、そして直接的には関係のない周囲のことまで覚え、またありありと思い出せることが知られている。このような記憶をフラッシュ・バルブ・メモリという。

#### ②　TOT（「喉から出かかる」現象）

　何かを言おうとして、それが何かはわかっているのに、どうしても思い出せないことがある。自分が何を思い出そうとしているか知っていて、のどまで出かかっているのに思い出せない状態を TOT（Tip of the Tongue）という。TOT では自分が何を思い出そうとしているのかは知っている、そしてその中心となる固有名詞などは出てこないのに、その単語がたとえば「か行ではじまる」とか、「5文字でできた言葉だ」とか、「最近○○さんと一緒に見た」などの周辺情報は多く思い出されるのが特徴である。

## 5.4　発達過程と記憶

### 5.4.1　乳児・幼児の記憶

　われわれの記憶は年齢とともに衰えていく。一方、子どもは何でも覚えられるように思われる。実際、赤ちゃんは外界のことをどんどん吸収して育っていく。さて、では若ければ若いほど記憶がいい、つまり乳児、幼児のときの記憶が一番いいかというとそうともいえない。彼らはまず覚えたいものを覚えるための記憶方略が発達していない。幼児になると、方略を教えたそのときは、それが使えるが、時間がたつと忘れて使えなくなってしまう。自分の意思で記憶方略が使えるようになるのは少なくとも小学生の後半だといわれている。メタ記憶（基礎心理学5.4.3参照）が使えないのも一因である。また想起（再構成）のための能力も不十分である。したがって多くの人はいくつかの印象的な出来事を除いて1、2歳のときのことをそれほどたくさん覚えてはいないであろう。たとえば、子どもが前日に起こった出来事について思い出す場合、詳しく順を追って話せるようになるのは5歳か6歳くらいである。それ以前の子どもにとってはなかなか難しい。この理由としては、言葉の理由と脳の発達の理由があるといわれている。脳の神経細胞の構造がしっかりするのは5歳くらい、重量が大人の90%に達するのは6、7歳くらいである。ただし、顕在的な記憶として忘却していたからといって、乳児や幼児の

ときの体験が彼らの将来に影響しないということではない。

### 5.4.2 高齢者の記憶

　短期記憶の記憶容量や、よく使う種類の単語をいくつか聞いて覚えて自由再生するような課題では、加齢による大きな影響は見られない。ただし、情報の保持と処理を同時に行なう作動記憶については顕著に低下が見られる。また忘却の種類も、同じ話を何度もしてしまうというように「いつ、どこで、誰と、何を」がバラバラになってしまう。

　また記銘と保持がされていてもTOT現象などは増える傾向にある。加齢で変わらない記憶としては潜在記憶がある。またメモを取っておくなどの外部記憶補助もよく使用され、展望的な記憶については加齢の影響をあまり問題化しないといわれている。60代で1～2％、85歳以上で25～30％の人に認知症が認められる。認知症では、記憶を含む認知活動の広範囲にわたって変化が起こり、その結果、記憶だけでなく行動や思考にも影響がおよぶ。その中でも記憶の変化は目立つためによく取り上げられるが、正常な加齢による記憶の変化とはその現れ方が異なる。たとえば、記憶の3段階において、正常な加齢による場合は、TOTのように想起の部分で困難が生じるが、認知症では記銘の部分の衰えが著しいといわれている。認知症の場合、長期記憶における宣言的（顕在）記憶では、意味記憶についてはそれほど落ちていない場合が少なからずあるが、エピソード記憶に関しては、その低下が大きいとされている。正常な加齢ではエピソード記憶の一部を忘れるが、認知症では体験そのものを忘れてしまう。非宣言的記憶は比較的落ちにくいため、歯磨きなどの習慣や料理の手順などの記憶は、よく保たれていることが多い。

### 5.4.3 メタ認知・メタ記憶

　われわれは自分たちの認知活動を、評価したり制御したりすることができる。認知活動を行なうとき、われわれは自分はそれができるかどうか、そして、行なっていることが目標に沿っているかどうかを判断したり予測したりすることができる。これをメタ認知といい、特に記憶に関するものをメタ記憶という。メタ記憶が発達して自分の記憶能力の評価が、実際の自分に近くなるのは小学校2年生くらいからである。一方、加齢によるメタ記憶では、高齢者は加齢とともに自分の記憶が低下することは認識しているが、実際の記憶の間違いの量を少なく見積もったりする傾向がある。また高齢者は記憶方略を知っていてもあまり使わないことが知られている。内的な記憶方略よりは、むし

ろメモを取るなど外的記憶方略を多用する。

参考文献

A・ルリヤ　天野清訳（1983）『偉大な記憶力の物語　ある記憶術者の精神生活』　文一総合出版.

グレッグ, V. H.　高橋雅延・川口敦夫・菅眞佐子共訳　梅本堯夫監修（1988）「ヒューマンメモリ」『Cognitive Science and Information Processing 7』　サイエンス社.

井上勝也（2005）『高齢者の心理がわかるQ&A』　中央法規.

Loftus E.F., & Palmer, J.C.（1974）Reconstruction of automobile destruction : An example of the interaction between language and memory. *Journal of Learning and Verbal Behavior, 13,* 585-589.

太田信男・竹形理佳・石原治・寺沢孝文・高橋秀明・河野理恵（1999）．「高齢者の記憶―潜在記憶を中心に―．心理学評論．」42, 185-201

斎藤勇（1988）『図説心理学』　誠信書房.

高橋雅延（1999）『記憶のふしぎがわかる心理学』　日本実業出版社.

加藤伸司・中島健一（2002）『心理学―社会福祉士養成テキストブック13―』　ミネルヴァ書房.

# 第6章 学習

## 6.1 学習とは

われわれが、生活の中で用いる行動のほとんどは、練習などによって生まれてから習得されたものである。たとえば、言葉を話すことや文章を読むこと、書くこと、箸の持ち方や、自転車の乗り方などもそうである。このように新たな行動の習得を、心理学では「学習」と呼ぶ。したがって、学習とは経験や練習によってある一定の行動の変容を習得すること、およびその過程と定義される。行動主義のワトソンは、「人間は生まれたときには真っ白なキャンバスと同じであり、その後の学習によって医者にでも泥棒にでもなる」として、学習の重要性を指摘した。ただし、学習はありとあらゆる場合に成立するというものではない。学習の成立には、レディネス(readiness)、能力の限界(capacity)、動機づけ(motivation)の3条件が必要である。レディネスとは、学習の準備性といわれ、その学習の習得に必要な心身の成熟といった内的条件が整っていることを指す。能力の限界とは、限界を超えた学習は成立しないことを指す。たとえば、人間はどんなに練習を重ねても、鳥のように飛ぶことはできない。それは、能力の限界を超えているからである。ただし、能力の限界には個人差があるため、その限界は見極めるのが難しい。動機づけは、われわれの行動のすべてに必要なことである。したがって、学習においても同様に、きっかけや必要性、やる気がなければ学習成立へは導かれない。

## 6.2 さまざまな学習の考え方

ところで、学習と一言に表しても、その成立の仕方には多くの考え方がある。それらを実験や観察を通して説明したものが学習理論である。学習理論を学ぶ際には、その分類を念頭においておくと整理しやすいだろう。本章では、学習理論を、6.2.1 連合説、6.2.2 認知説、6.2.3 社会的学習、6.2.4 感覚運動学習の4つに大別し、それぞれにおいて代表的な理論を紹介する。

第6章　学習

### 6.2.1　連合説

連合説では、学習をある一定の刺激（stimulus）に対するある一定の反応（response）が成立すること、つまり、刺激と反応の結合としてとらえている。以下では、試行錯誤説、古典的条件づけ、道具的条件づけのそれぞれの理論を紹介する。

#### ①　ソーンダイクの試行錯誤説

ソーンダイク（Thorndike, E. L. 1874-1949）は空腹のネコと問題箱（図6-1）を使って実験を行なった。格子状の問題箱は、内から外が見えるようになっており、上の扉を中から押し開けると脱出できるようになっている。この中に空腹のネコを入れ、外にエサを置いておく。すると、エサを見たネコは脱出を試み、問題箱の中でドタバタと動き回る。試行錯誤した後、上方の扉から脱出し、エサを食べることができる。その後、すぐ問題箱にネコを戻す。ネコは再び試行錯誤した後、脱出し、エサを食べる。このように、問題箱へ入れる→脱出→エサを食べる→問題箱へ入れる→……と繰り返していくと、次第に問題箱に入れられてから脱出するまでの時間は短くなり、最終的にはすぐに脱出できるようになる。つまり、ネコは試行錯誤の繰り返しの結果、脱出方法を学習したことになる。このような学習に対し、ソーンダイクは、学習の成立には3つの法則があると考えた。1つは、効果の法則といい、この実験ではエサの存在を指す。この実験において外にエサがなければ、ネコは脱出を試みない。エサの存在が学習への効果として働いているといえるだろう。2つめは、レディネスの法則であり、この実験ではネコが空腹であることを指す。ネコが空腹でなければ、外のエサを食べたいとは思わない。つまり、空腹な状態があるからこそ、エサの効果が発揮されるというわけである。3つめは、練習の法則である。問題箱への投入と脱出を何度も繰り返すことによって、不必

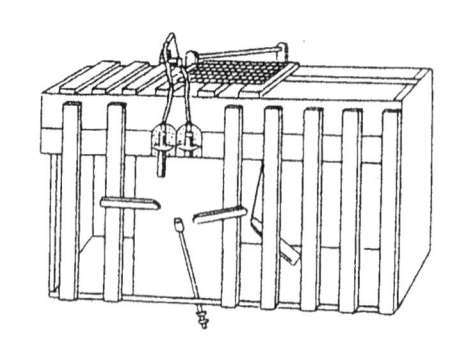

図 6-1　ソーンダイクの問題箱（Thorndike, 1898）

要な行動（ここでは脱出以外の行動）がなくなった、つまり繰り返しによって必要な行動だけが習得されたと考えられる。以上のようなソーンダイクによる学習の考え方を試行錯誤説と呼ぶ。

### ② パブロフの古典的条件づけ

パブロフ（Pavlov, I. P. 1849-1936）は、イヌと図6-2のような装置を使い実験を行なった。装置は、イヌをエサ台の前に固定し、イヌの唾液腺を計測器につなぎ、唾液の分泌量が測定できるようになっている。実験は、イヌにブザーの音を聞かせ、その直後にエサを出す、するとイヌは唾液を分泌する。このような操作を繰り返していくと、エサに対して出していた唾液が、ブザーの音を聞いただけで分泌されるようになってくる。つまり、ブザーの音という刺激に対する、唾液分泌という反応の関係が成立したということである。

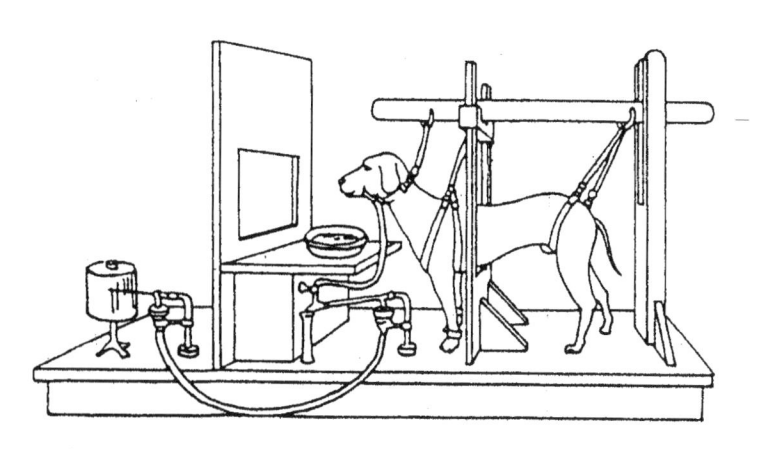

**図6-2　パブロフの古典的条件づけの実験に用いられた装置（Yerkes and Margulis, 1909）**

このことをパブロフの考えにもとづき、改めて説明する。イヌにとってエサは、無条件に唾液の分泌を促す刺激であり、エサによる唾液の分泌は無条件の反応である。したがって、エサは無条件刺激、エサに対する唾液の分泌は無条件反応と呼ぶ。この関係を利用して、ブザーの音に対する唾液の分泌という反応を学習させる。この学習を条件づけという。条件づけによって、ブザーの音は条件刺激となり、条件反射としてブザーに対する唾液の分泌が学習されたことになる。この関係をもう少しわかりやすく説明したのが、図6-3である。

以上のような条件づけは、条件刺激と無条件刺激の提示する時間間隔によって、学習

第6章　学習

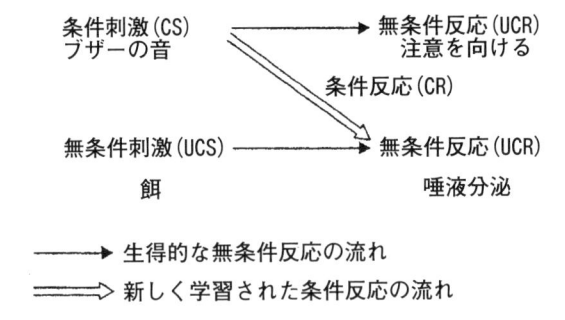

図 6-3　条件刺激と条件反射の関係（福祉士養成講座編集委員会（2003）「社会福祉士養成講座10」『心理学』　中央法規.）

効果が異なる。そのちがいを図6‐4に示した。ちなみに、もっとも効果が高いのは、条件刺激の提示直後に無条件刺激を提示した場合である。

さて、このような学習が成立した後、ブザー音だけを与える刺激を続けると、条件反射である唾液の分泌は次第に少なくなっていく。このような操作を消去という。しかし、消去されてからしばらく休憩を入れて、ブザー音を聞かせると休憩前よりも多くの唾液を分泌する。このことを自発的回復という。したがって、消去によって条件反射が完全に失われるわけではないと考えられる。

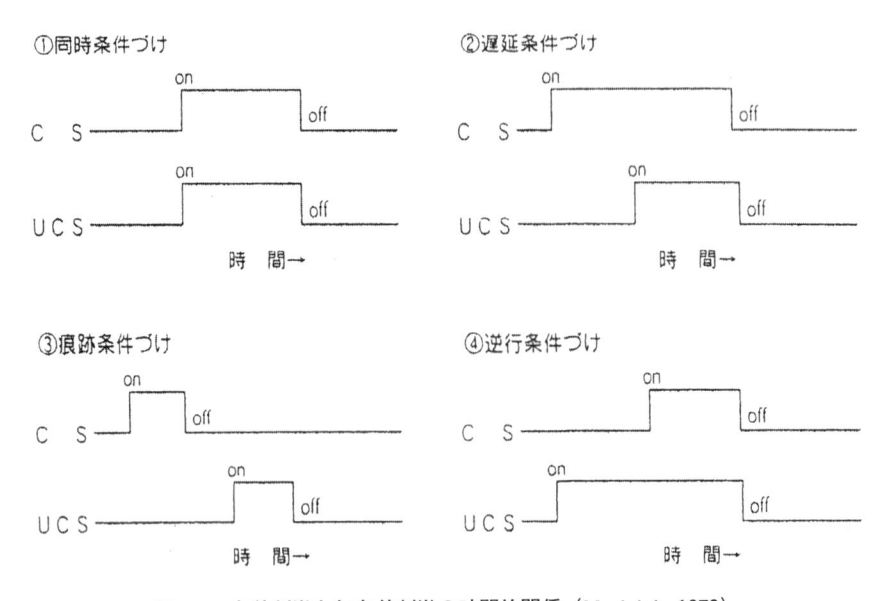

図 6-4　条件刺激と無条件刺激の時間的関係（Medcick, 1973）

## ③ スキナーの道具的条件づけ

スキナーは、ネズミと図6-5のようなスキナーボックスを用いて、実験を行なった。スキナーボックスにはバーがあり、バーを押すとエサ台にエサが出てくる仕掛けになっている。実験の手続きは次の通りである。まず、空腹のネズミをスキナーボックスに入れる。ネズミはボックス内をドタバタと動き回る。そのうち、ふとした拍子にバーに触れる。すると、エサ台にエサが出てくる。この1度の経験を通じて、ネズミはバー押しという操作を学習する。このような学習において、バー押しの操作を促す効果を持つエサのことを強化刺激と呼び、この手続きのことを強化という。なお、強化刺激には、正の強化と負の強化がある。正の強化とは、先の実験のように、より反応を促す効果のある、エサや報酬のようなものである。一方、負の強化とは、その強化刺激を避けるために学習が成立するようなものである。たとえば、電気刺激や大きな音などが、そうである。

ところで、強化の手続きにはいくつかの方法がある。強化刺激をどのように提示するかということを、強化スケジュールという。強化スケジュールには、一定の時間間隔にしたがって強化が与えられる定時隔強化、不規則に強化が与えられる変時隔強化、一定の反応数ごとに強化が与えられる定率強化、強化が与えられるまでの反応数が一定でない変率強化がある。時間当たりの反応数がもっとも多く観察されるのは、変率強化、次が定率強化、定時隔強化、変時隔強化の順である。しかし、時間の間隔による強化スケジュールよりも、反応数による強化スケジュールのほうが圧倒的に反応数が多い。

また、道具的条件づけにおいても、強化が与えられない状態が続くと、反応の消去が起こる。この消去の表れは、強化スケジュールとも関連している。定率強化の場合、定

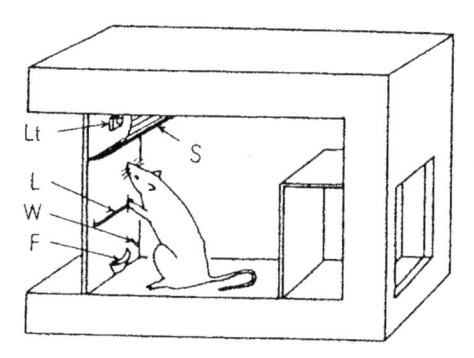

**図6-5 スキナー Box（Keller & Schoenfeld, 1950）**
道具的（オペラント）条件づけの代表的な装置。白ネズミがレバー（L）を押し下げると、食物皿（F）に食物が与えられる（あるいはWから水が与えられる）。Ltは照明、Sはスクリーン。

率の間隔が短いほど消去が起こりやすい。つまり、3回に1回の強化スケジュールによって成立した学習よりも、2回に1回の強化スケジュールによって成立した学習の方が消去が起こりやすい。

#### 6.2.1.1　古典的条件づけと道具的条件づけ

　一般に、古典的条件づけはレスポンデント型、道具的条件づけはオペラント型と呼ばれる。respondentとは反応を意味する。古典的条件づけでは、条件刺激に対する条件反射という反応そのものを学習している。一方、operantとは操作を意味する。道具的条件づけでは、強化刺激を得るために操作することを学習している。このような違いから古典的条件づけをレスポンデント型、道具的条件づけをオペラント型と呼んでいる。

　なお、このような連合説による学習理論は、臨床場面では「行動療法」として応用されている。中でも、スキナーの道具的条件づけは、不適応行動についてだけでなく、障害児（者）の生活訓練などにも用いられている。

### 6.2.2　認知説

　認知説による考え方は、人間のような高等動物に適用されるものと考えてほしい。われわれは、練習や試行錯誤を繰り返すことなく、問題解決することができる。たとえば、パズルを解いたり、はじめて見た地図を用いて目的地にたどりつくことができる。このような学習について説明したのが認知説である。以下に、認知説において代表的な、サイン・ゲシュタルト説と洞察説を紹介する。

① 　トールマンのサイン・ゲシュタルト説

　サイン・ゲシュタルト説は、実際の反応が表に出ない場合の学習の成立を説明することができる理論である。トールマンは、学習の成立とは、「どんなときに、どうすると、どうなる」という期待が成立することであると考えた。パブロフの古典的条件づけもこの理論で説明し得る。つまり、ブザー音は、エサが出てくるという期待を持たせる、よって唾液が分泌する。また、「湯気を噴出しているやかんにさわったらやけどをする」というような場合、実際の反応は現れない。しかし、学習は成立している。このような実際に反応が現れない場合の学習を潜在学習と呼ぶ。

② 　ケーラーの洞察説

　ケーラーはチンパンジーなどの霊長類を用いて、まわり道問題や、道具の使用などを観察した。たとえば、図6-6のようにチンパンジーが檻に入れられている。檻から手

が届く範囲に短い棒、檻から直接は手が届かないところに長い棒、長い棒でしか届かないところにチンパンジーの好物が置いてある。はじめ、チンパンジーは自分の手をいっぱいに伸ばし、エサを取ろうとする。しかし、届かないことに気がつくと、活動を止め、座り込んだ。しばらくすると、動き出し、短い棒で長い棒を引き寄せ、長い棒でエサを引き寄せた。つまり、状況を洞察することによって、それまでばらばらに存在したもの（短い棒、長い棒、エサ）に解決の道筋を見出したのである。このような洞察は、霊長類などの知能が高い動物に見受けられる。

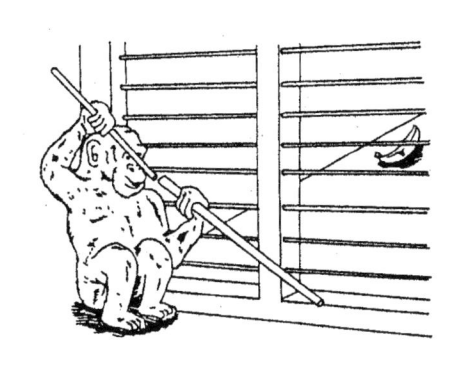

図 6-6 ケーラーの実験の様子

### 6.2.3 社会的学習

社会的学習とは、他者とのかかわりに関係する学習のことである。ここでは、代表的なモデリング学習を紹介する。

#### ① バンデューラのモデリング学習

バンデューラは保育園の幼児に次のような実験を試みた。幼児を2群にわけ、実験群には人形を何度も殴りつける攻撃的な成人のモデルを見せた。統制群には、人形を殴ったりすることのない非攻撃的な成人のモデルを見せた。その後、子どもたちの遊びの様子を観察すると、2群には明らかな違いが見られた。実験群の子どもにおいては、人形を用い、人形に対して殴る、蹴る、引っ張るなどの攻撃的な行動が観察された。しかし、統制群の子どもは、人形を用いる子どもが少なく、また攻撃的な行動はまったく観察されなかった。バンデューラは、このような学習をモデリング学習と呼んだ。このように、モデリング学習とは、自分自身が体験しなくても、他者の行動を見て模倣することで学習が成立することをいう。なお、モデリング学習がなされやすい行動として、上記のような攻撃行動と性行動があげられる。このような影響があるゆえ、映画やビデオ

第6章　学習

などの映像作品にR指定が設置されていることは、大変意義があると考えられる。

#### 6.2.4 感覚運動学習

感覚運動学習は、外界の知覚と自身の運動を呼応させながら、一連の動作を習得するものである。自転車や自動車の運転、楽器の演奏などがこれにあたる。

感覚運動学習では、練習の試行数と技術の上達（質的な学習の変化）との関係が注目される。試行数を横軸に、上達度を縦軸にとって、グラフ化したものを「学習曲線」と呼ぶ。学習曲線は、大別すると図6-7のように3種類ある。(a)は練習のはじめの段階で急激に上達し、その後の変化が緩やかな場合である。(b)は練習のはじめの段階はなかなか上達しないが、ある一定の練習をすぎて、急激に上達度が増す場合である。(c)はS字型曲線と呼ばれ、始めの段階で一定の上達が認められるが、途中で低迷する時期があり、再び、上達していくというパターンである。この途中で低迷する状態のことを、グラフの形からプラトー（高原現象）と呼ぶ。

また、感覚運動学習において着目されるものとして、練習の方法がある。練習の方法には、休憩時間の入れ方に着目する分類と、課題の分割方法による分類の2つの分類がある。前者は、ほとんど休憩を入れずに一息に練習を行なう集中学習と、練習を何回かに区切って休憩を入れる分散学習とにわけられる。課題の内容など条件にもよるが、一般的には分散学習の方が学習効果が高いといわれている。もう1つのわけ方では、練習の課題を最初から最後まで一まとめにして練習する全習法と、課題をいくつかに区切って部分部分を学習し、最終的な段階で全体を練習する分習法とがある。全習法・分習法については、課題によって効果が異なるため、どちらの学習法の方が効果が高いかということは一概にはいえない。

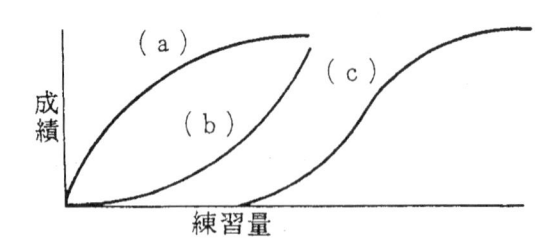

図 6-7　学習曲線（神宮英夫（1992）『心理学』　東京教科書出版株式会社.）

参考文献

大山正・詫摩武俊（1973）『心理学通論』 新曜社.

神宮英夫（1992）『心理学』 東京教科書出版株式会社.

メドニック, S. A 他著　外林大作・島津一夫訳（1979）『心理学概論　行動と経験の探究』 誠心書房.

# 第7章　知能

## 7.1　知能とは

　頭の回転が速い、思考力がある、応用力があるなど、「頭のよさ」に関する考え方はさまざまである。しかし、一般に頭のよさというと、知能の高さを指すことが多い。では、知能とはいったい何だろうか。
　まず、知能の定義について考えてみる。とはいえ、知能についての定義は学者によってさまざまであるといってよいであろう。しかし、定義の方向性をまとめてみると、次の3つに集約できる。①抽象的な概念による思考能力、②学習する能力、③環境に対する適応能力である。さらに、知能検査で測定できる能力という操作的な定義もある。研究論文などでは、このような操作的定義が使われることがある。しかし、定義がたくさんあっては理解が難しくなる。そこで、昨今、テキストなどで用いられる定義は、上記の3つを加味したウェクスラー（Wechsler, D. 1896-1981）の定義である。ウェクスラーは、「知能とは、合目的的に行動し、合理的に思考し、その環境を効果的に処理する総合的な能力である」としている。
　以下では、知能の構造に関するさまざまなモデル、知能の発達などを述べていく。

## 7.2　知能の構造に関するモデル

　定義からもわかるように、知能は一側面だけではないと考えられる。では、知能はどのような構造を持っているのだろうか。知能の構造の考え方においても、さまざまな考え方がある。以下では、知能の構造に関する代表的な説を3つ紹介する。

### 7.2.1　スピアマンの2因子説
　スピアマン（Speaman, C. 1863-1945）は、独自のテスト実施の結果をもとに、あらゆる知的作業に関係する一般因子（g因子）と、特別な知的作業に関係する特殊因子（S因子）の2因子が存在すると考えた（図7‐1参照）。その後、特殊因子にもすべての知

的作業にかかわる5つの群因子（言語能力・数能力・機械的能力・注意・創造性）を見出した。

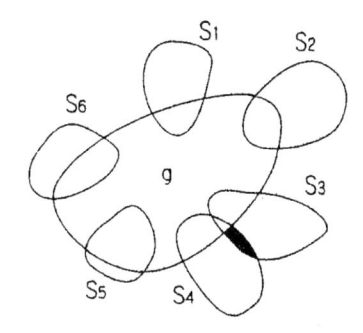

図7-1　スピアマンの2因子（Spearman, 1927）

### 7.2.2　サーストンの多因子説

サーストン（Thurston, L. L. 1887-1955）は、スピアマンのいうような一般因子は存在せず、知能はいくつかの特殊因子によるものだと考えた。そこで、大学生と中学生にテストを実施し、その結果から共通の7因子を見出した。そして、一般因子とは、特殊因子から2次的に発見されると考えた（図7-2参照）。ちなみに、7つの特殊因子とは、言語、語の流暢性、空間、数、記憶、推理、知覚である。

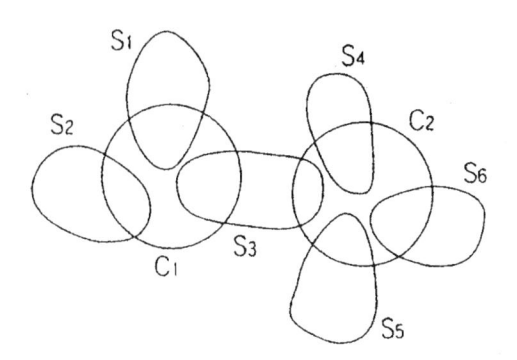

図7-2　サーストンの多因子（Thurstone & Thurstone, 1941）

### 7.2.3　ギルフォードの立体モデル

ギルフォード（Guilford, J. P. 1897-1987）は、これまでの平面的な考え方ではなく、因子の構造を次元という概念を用いて立体的なモデルとして解釈した。立体モデルは、内容、所産、操作という3次元で表している。内容は4種類（行動的・言語的・記号的・

第7章　知能

図形的）に、操作は5種類（認知能力・記憶・拡散的思考・収束的思考・評価能力）に、所産は6種類（単位・類・関係・体系・変換・含意）にわかれる。そして、これらの3次元の掛け合わせにより、4×5×6＝120の構成単位が知的活動として現れると考えた（図7-3参照）。

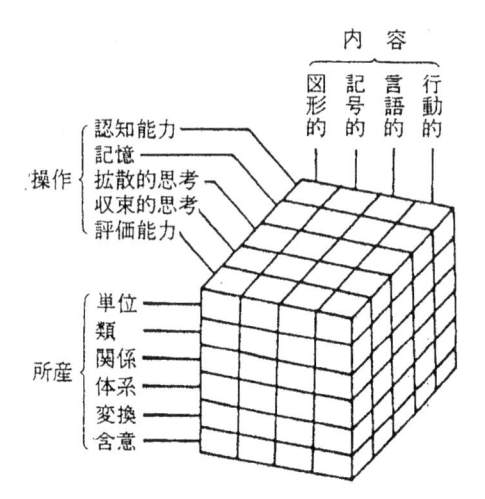

図7-3　ギルフォードの立体モデル（Guilford, J. P. 1967）

## 7.3　知能の発達

ビネー（Binet, A. 1857-1911）は、世界ではじめて知能検査を開発した研究者でありその際に、年齢を重ねるごとに知能が高まると考えた。しかし、知能が一生涯向上し続けるとは考えにくい。知能が向上するのは、ある程度の年齢までであることは誰でも想像がつくことであろう。ウェクスラーによれば、11歳～12歳頃までは直線的に知能が発達し、その後20歳くらいまでは緩やかに上昇する。つまり、20歳くらいまでに、知能は頂点に達するとされる。

また、キャッテル（Cattell, R. B.）らは、知能を流動性知能（fluid ability）と結晶性知能（crystallized ability）の2つの側面にわけ、それぞれにおいて発達に違いがあるとした。流動性知能は、関係の知覚や記憶、推理、抽象概念の形成などの基本的情報処理を担う知能であり、結晶性知能は言語や社会的知識などの文化的知識を担う知能である。これらの特徴から、流動性知能は20代前半にピークを迎え、その後は緩やかに下降していく。一方結晶性知能は、はっきりとしたピークがなく、老年期にいたるまで緩やかに上昇するとされる。しかし、高齢者の知的能力については、他の説もある（基礎心理学

9.6参照）

　一般に知能は、ある程度の年齢以降は下降していくものと感じられる。しかし、それは知能検査（臨床心理学13.2.1参照）の結果が下降していくからであると考えられる。つまり、一般に下降していくと考えられている知能とは、キャッテルの言うところの流動性知能のことであり、また、知能検査でも流動性知能を測定しようとする傾向が強いことがわかる。

　知能の発達に関して忘れてならない人にピアジェ（Piaget, J. 1896-1980）がいる。

　ピアジェは自分の子どもの観察を通して、知能や思考に着目し、4つの発達段階を考えた。誕生〜2歳くらいまでは感覚運動期と呼び、感覚器に入ってくる刺激と自分の運動を呼応させる時期である。2歳〜6歳くらいまでを前操作期と呼び、自己中心的な直感的思考をし、アニミズム（無生物にも命があるという考え、「お人形さんが痛いって言っている」などといったりする）が特徴的である。また、この段階の子どもには保存の概念がないことをピアジェは多くの実験で示した。この保存の概念は、次の具体的操作期（7歳〜11歳）に入ると成立する（基礎心理学9.4.2参照）。さらに、具体的な道具を使っての問題解決が可能になり、概念形成も可能になってくる。しかし、抽象的な概念操作はまだ難しい。形式的操作期（12歳以上）になると、抽象的な思考が可能になる。それにより、具体的に存在しない事物に対しての思考が可能になり、推測や推理ができるようになる。

## 7.4　学力との関係

　知能が高いことは、かならずしも学力が高いことと一致していない。それは、逆のこともいえる。つまり、知能が特別に高くなくても学力の高い者もいるということである。バート（Burt, C. 1883-1971）は、知能指数と各教科での学業成績との相関を求めた。その結果、算出された相関係数（$r: -1 \leq r \leq 1$）は、作文（.63）、読み方（.56）、算数（.55）、手工（.18）、図画（.15）であった。手工や図画といった、言語的知識に関連しない分野での相関は低い。また、作文や読み方においても、必ずしも知能の高さだけで学力の高さが決まっているわけではないことがわかる。

　知能と学力の関係を見る場合には、個人の持つ知能の高さに見合った学力が発揮されているかどうかの方が重要である。この際に指標となるのが、成就指数や成就値である。成就指数は、学力偏差値を知能偏差値で割り、100を掛けたものである（成就指数

＝学力偏差値÷知能偏差値×100）。この成就指数が90～100であれば、知能に見合った努力がなされ、学力が発揮されていると考えられる。一方、成就値は、学力偏差値から知能偏差値を引いたものであり（成就値＝学力偏差値－知能偏差値）、＋10～－10の値であれば、知能に見合った学力が発揮されていると考えられる。成就値が＋10以上の場合は、オーバー・アチーバーといい、知能から予想される学力を上回っているといえる。逆に－10以下の場合を、アンダー・アチーバーといい、知能から予想される学力を下回っているといえる。アンダー・アチーバーが発見された場合には、学習の方法などに対する指導を必要とするであろう。

参考文献

大山正・詫摩武俊（1973）『心理学通論』 新曜社.

神宮英夫（1992）『心理学』 東京教科書出版株式会社.

園田富雄（1992）『教育心理学ルックアラウンド』 教文堂.

# 第 8 章 性格

## 8.1 性格心理学とは

### 8.1.1 性格心理学の目的と方法

　一般に性格は、個人の行動を特徴づけている持続的で一貫した行動傾向であるとみなされている。オールポート（Allport, G. W. 1897-1967）は性格を「個人のうちにあって、その個人に特徴的な行動や思考を決定する心理物理的体系の総称であり、個人の内部に存在する力動的組織でもある」と定義しており、この定義が広く用いられている。

　性格心理学は性格を研究対象とする心理学の一分野である。性格心理学の目的は、個人特有の行動傾向すなわち個人差を記述し、個人の性格特性について明らかにすることである。さらに、行動として表出された現象とその背後にある性格の構造との因果関係を解明することをも目的にしている。

　性格研究の方法論は、精神病理学的アプローチ、心理測定学的アプローチ、実験心理学的アプローチの3つに大別される。精神病理学的なアプローチは、不適応ないしは精神病理学的な状態にある人を対象にして、典型的・特徴的に観察される性格像を記述し、そこから一般的に共通する性格を演繹的に理解しようとする方法である。クレッチマー（Kretchmer, E. 1888-1964）の類型論やフロイトの精神分析学による性格理論などがこれに相当する。

　心理測定学的なアプローチの特徴は、質問紙法などを用いて多数のデータを集めて個人差を測定し、その結果を因子分析などの統計的な手法を用いて分析することである。そして、統計学的に分析された結果から、個人差を超えて存在する性格の共通因子や構成要素が見出される。このアプローチは、現代の性格研究の主要なアプローチとなっている。

　実験心理学的なアプローチは、ある事象と性格との因果関係を明らかにするために特定の変数を操作して、両者の関係を実験的に検討する方法である。たとえば、不安傾向の強い人と弱い人との生理的反応を測定して、両者の特徴を比較する研究などが相当する。そうすることによって、不安傾向という性格要因と生理的反応との関係が究明され

るのである。

このように性格に対する心理学的アプローチはさまざまであるが、本章では性格研究の主流と考えられている心理測定学的なアプローチを中心に概説する。

## 8.2 性格の類型論

性格の類型論とは、ある特定の観点から典型的な性格像をいくつか想定することによって、性格の理解を容易にしようとする試みである。すなわち性格のタイプわけをすることで、人間行動の理解を図ろうとする試みを性格の類型論という。性格の類型論には、身体的特徴や体質から性格のタイプわけをしようとする立場と、心理学的な特徴や傾向からタイプわけをする立場とがある。前者の類型論としてはクレッチマーやシェルドン（Sheldon, W. H. 1888-1997）によるものが有名で、後者にはユングやシュプランガー（Spranger, E. 1882-1963）などによるものが知られている。

### 8.2.1 身体的な特徴による性格の類型論

ドイツの精神医学者であるクレッチマーは内因性精神病患者の臨床的観察の中から、精神疾患の種類と体格との間には関連があり、それは健常者の性格と体格にも適用できると考えた。具体的には、統合失調症（精神分裂病）の患者には細長型の体格が多く、躁うつ病の患者には肥満型の体格が多く、てんかんの患者には筋肉質な闘士型の体格が多いことを見出した。

クレッチマーが提唱した健常者の性格類型は、分裂気質と循環気質（躁うつ気質）と粘着気質（てんかん気質）の3類型である（図8-1参照）。分裂気質は、自閉性（非社交性、内気、生真面目、物静か、変わり者）と、過敏性（敏感、神経質、臆病、傷つきやすさ、興奮しやすさ）と、鈍感さ（従順、無関心、お人よし、愚直、温和）をおもな特徴とする。循環気質は、同調性（社交的、善良、親切）と、躁状態（明朗、活発、ユーモア、気分の高揚）と、うつ状態（寡黙、沈静、陰鬱）を特徴とする。粘着気質は、固執性（堅実、几帳面、律儀）や、粘着状態（生真面目で慇懃無礼、融通が利かない）や、爆発状態（自己主張が強く易怒的）が特徴として表れる。

シェルドンの類型論は健常者の身体を測定することによって、クレッチマーの類型論に類似した性格理論を提唱した。シェルドンによれば、人間の体格は外胚葉型、内胚葉型、中胚葉型の3つに分類される。外胚葉型の体格は神経系や感覚器官、皮膚組織の発

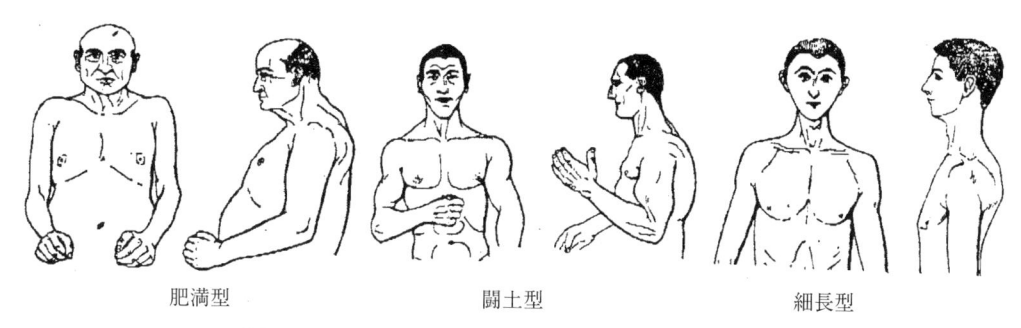

図 8-1　クレッチマーの体型の分類（Kretschmer, 1955）

達が優れていて細長型の体格である。内胚葉型は消化器系がよく発達していて、柔らかで丸みのある肥満型である。中胚葉型は骨や筋肉の発達がよく、直線的で重量感のある体格である。そして、それぞれの体格に対応する性格が想定されていて、外胚葉型は頭脳緊張型（控えめで過敏、神経質で疲労感が強い）、内胚葉型は内臓緊張型（楽観的で社交的、飲食や安楽を楽しむ）、中胚葉型は身体緊張型（大胆で精力的、自己主張が強い）の性格であると類型された。

### 8.2.2　心理的な特徴による性格の類型論

シュプランガーやユングは性格類型の根拠を個人の心理的な特徴に求めている。シュプランガーは個人の価値観や性格様式から6つの性格類型を考えた。それは理論型、経済型、審美型、宗教型、権力型、社会型の6類型で、個人が何に価値をおき興味を持っているかで類型される。

ユングは向性という概念を考えだし、心的エネルギーが自己の内面に向いていて自己に関心が向きやすい傾向を内向型として、心的エネルギーが外界に向かっていて外からの影響を受けやすい傾向を外向型と呼んだ。ユングは精神の主要な機能についても考察し、精神の機能には思考、感情、感覚、直観の4機能があると考えた。思考機能は物事を客観的・分析的に考えた上で判断を下す論理的な機能で、感情機能は個人の好悪や快不快などの感情にもとづいて判断を下す機能である。感覚機能は視覚・聴覚などの感覚情報を統合して取り入れた上で物事の判断を行なう機能で、直観機能は物事の全体像やイメージを利用して情報を入手した上で判断する機能である。ユングの類型論の特徴は、心的エネルギーの方向性を示す向性（外向型と内向型）と4つの精神機能の組み合わせから、2型×4機能で8通りの性格類型（内向思考型、外向直観型などの8類型）が想定されていることである。

### 8.2.3 類型論の問題点

類型論は典型的な性格像が想定されているために、特定の人物像を容易に他者に伝えることができる。たとえば「Aさんは循環気質だ」といわれれば、彼がどんな感じの人かがすぐにイメージできるであろう。しかし、個人を特定の性格類型の枠組みに入れてしまうと、その類型に特徴的な行動パターンだけが目に入り、それ以外の行動が無視されてしまう。これを確証バイアスという。また、類型論で理論的に想定されている典型的な性格類型に当てはまる人はまれで、多くの人は混交型である。これは日本人の多くが中肉中背の体型であることを考えれば、クレッチマーの理論にぴったりと当てはまる人の方がはるかに少ないことがわかるであろう。しかも、性格を遺伝的・生得的なものとしてとらえる場合には、性格形成に大きく関与すると考えられている文化や社会や発達の要因が見落とされてしまう危険性がある。

## 8.3 性格の特性論

性格の特性論とは、性格の構成要素を「外向性」、「神経症傾向」などの複数の基本的単位（性格特性）にわけて、質問紙法などの定量的な心理測定法を用いることで、これらの存在を解明し把握しようとする試みである。性格特性は誰もが共通して持っているものであり、時間や状況が変わっても一貫した行動傾向として現れると考えられている。そのために、個人内では不変の性質を持ち、個人間では個人差として比較可能であることが想定されている。

### 8.3.1 オールポートとキャッテルの研究

性格特性という概念を最初に提唱したのはオールポートである。オールポートによれば、性格特性は性格の基本となる構成要素であり、それは個人の反応傾向として顕現される。そして複数の性格特性が存在し、それらが組み合わされることで個人の性格が構成される。そこで、性格を構成している性格特性はいくつあるかという問題が生じてくる。この問題についてオールポートは、辞書にある性格用語の分析を行なった。

1936年にオールポートとオドバード（Odbert, H. S.）はウエブスターの辞書の中から性格に関する用語（飽きっぽい、慎重な、明るいなどの言葉）を探して17,953語を取り出し、それを、4,504語に絞り込んだ。その結果、支配的－服従的、持久的－動揺的などの14の共通特性にまとめあげた。共通特性とは、ある文化集団に固有で共通した適応様

式を反映した性格特性のことで、習慣的な反応傾向の集合でもある。共通特性に対して、個人特有の反応傾向を独自特性という。共通特性は、人が目標に向かって行動しているときに現れる表出的特性と、環境に適応する際に現れる態度的特性とに分類される。また、性格特性の基礎となる心理・生物学的要因として身体、知能、気質の3つの側面があることを想定した。そして、共通特性（表出的特性と態度的特性）と心理生物学的要因（身体、知能、気質）をまとめて、性格を総合的に判断するために心誌（サイコグラフ）が作成された。

オールポートらの研究を引き継いだのはキャッテルである。キャッテルはオールポートらの4,504語の中から同義語や古語などを圧縮・除外し、新しい言葉を付け加えて171語を選出した。この171語はさらに整理され、統計学的手法である因子分析を用いることで、最終的には性格の共通特性として「分裂気質－躁うつ気質」、「支配性－服従性」などの12因子が抽出された。後に、この12因子には4因子が加えられ、16の性格特性因子を測定するための質問紙として1968年に16性格因子質問紙（16PF）が作成された。

### 8.3.2　アイゼンクの因子論的類型論

特性論は、性格の構造を科学的・客観的に分析し詳細に把握することができるのだが、類型論ほどには具体的な人物像を描き出すことができない。性格特性を細かく分析するだけではなく、これらを統合的にとらえる視点も必要である。アイゼンク（Eysenck, H. J. 1916-1997）はこのような特性論の問題点を見直して、性格特性間の関係を構造的に把握しようと試みた。

アイゼンクによれば、性格は4つの階層構造を持っており、それは上から類型、特性、習慣的反応、個別的反応の順で構成されている（図8-2参照）。最下層の個別的反応は性格のもっとも根本的な部分で、これは日常場面で観察される個人特有の具体的な行動様式のことである。次の習慣的反応は、類似した状況で認められる個別的反応に共通した行動傾向のことであり、複数の個別的反応によって構成される。類似度の高い習慣的反応が集まると、それは特性となる。最上層の類型は、複数の特性が集合することによって構成される。

アイゼンクは性格の類型として、内向性、神経症的傾向の2因子を想定した。内向性という類型は、持続度、硬さ、主観性、羞恥度、感じやすさの5つの特性で構成されており、神経症的傾向という類型は、自尊心の低さ、不幸感、強迫性、自律性の欠如、心気性、罪悪感の6特性で構成されている。すなわち、性格類型とは性格特性がまとまる

ことによって構成されるのである。後にアイゼンクは性格の類型として精神病的傾向を加えた。このような性格の類型のもとに、いくつかの特性が存在することを想定した理論は、性格の類型論と特性論とを結合させ統合した考え方であり、これを因子論的類型論という。

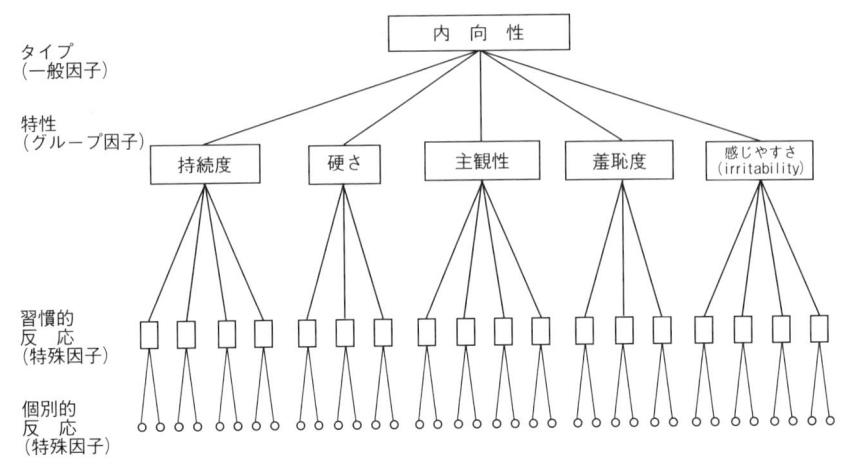

**図 8-2** アイゼンクの性格の階層構造（Eysenck, 1960）

### 8.3.3 性格の5因子モデル

最近の特性論研究では、性格の5因子モデル（Five Factor Model：FFM）が注目されている。5因子モデルでは、人の性格はビッグ・ファイブと呼ばれる5つの特性因子によって説明可能で、記述することができるという考え方である。5因子モデルが登場したことによって、今までに研究者間による特性因子の数の違い（たとえばキャッテルは16因子でアイゼンクは3因子）が統一され、文化や社会を超えた普遍的な因子数が定められるようになった。5因子モデルの研究は1960年頃よりはじまり、今では5因子モデルによる性格検査尺度も開発されている。1992年のコスタ（Costa, T. R.）とマクレー（McCrae, R. R.）によるNEO-PI-R（Revised NEO Personality Inventory）がもっとも広く使用されており、日本語訳もされている。

日本語版NEO-PI-Rによれば、性格特性の5因子とは、①神経症傾向（Neuroticism）、②外向性（Extraversion）、③開放性（Openness）、④調和性（Agreeable）、⑤誠実性（Conscientiousness）の5つである。神経症傾向とは、気分の安定性や神経質さ、気楽さ、不平不満の多さなどと関係している因子である。外向性は社交性や対人的な積極性などの特

徴と関係している。外向性が低い場合には大人しく、引っ込み思案で、不活発な性格とされる。開放性は好奇心の強さ、思慮深さ、創造性と関係している。開放性が低い場合には好奇心の乏しい、素朴で、洗練されていない性格であると考えられる。協調性は人間的な温かさや親切さ、協力的な態度と関係している。したがって協調性が低いと冷淡で、利己的で、非協力的であると考えられる。誠実性は責任感の強さや勤勉さ、良心的な態度などに関係しており、誠実性が低い場合には根気のなさや気まぐれさ、無責任な態度などが目立ついい加減な性格であるとされる。

　性格特性の5因子の名称は研究者によって異なるが、5因子を想定することによって、性格特性の因子が必要最小限に絞り込まれるようになった。そのために、個人の性格が理解されやすくなり、性格の全体像の把握が容易になった。性格の5因子モデルは今後の性格研究の中心的なテーマとなり、ますます活発な議論がなされることが予想される。

## 8.4　性格の生物学的気質理論

　近年、神経生理学の発展に伴い中枢神経系の神経伝達物質と性格との関連が遺伝子レベルで実証的に研究されている。クロニンジャー（Cloninger, C.）によれば、個人の性格（パーソナリティ）には遺伝的に決定された生物学的・生理学的な基盤を持った側面（気質）と、経験や学習を通して後天的に形成される側面（性格）とがある。そして、前者の気質は脳内の神経伝達物質の代謝量と密接に関連している。クロニンジャーの理論では気質には4つの次元が想定されており、それらは①新奇性追求、②損害回避、③報酬依存、④固執である。また、性格には3つの次元が考えられており、それらは①自己志向、②協調、③自己超越である。そして、これら4つの気質と3つの性格を統合して構成するものをパーソナリティと呼んでいる。

　クロニンジャーによれば、気質の新奇性追求は神経伝達物質の一種であるドーパミンの代謝量と関係があり、行動の活性化を担っている。すなわち、目新しいものに対する興味や探索行動に関係し、この傾向があまりにも強い人は衝動的で無秩序であるが、弱い人は慎重になりすぎて積極性に欠ける。損害回避は神経伝達物質のセロトニンと関係しており、行動の抑制を担っている。すなわち、嫌悪刺激に対する過敏性や罰に対する回避傾向と関係し、この傾向が強い人は不安が強く悲観的であるが、弱い人は楽観的でときには危険な行動を起しやすい。報酬依存はノルエピネフリンの代謝と関係があり、

行動の調整を担っている。すなわち、食べ物や賞賛、アルコール類などの学習の報酬になるものに対する敏感さと関係があり、この傾向が強い人は行動の調整やコントロールがスムーズになされるが、弱い人は行動のバランスを欠く。固執に関係する神経伝達物質は明らかにされていないが、これは行動の維持を担っている。すなわち、行動を持続させる働きがあるので、この傾向が強すぎると強迫的になり、弱すぎると中途半端な行動しかできなくなる。

　性格の自己志向は、自己決定や意志の力に関係する概念であり、各個人が選択した目的や価値観にしたがって状況に合う行動を統制し選択し調整する能力を示す。協調は、寛容さや協調性に関係する概念であり、他者受容や共感能力の個人差を説明するために用いられる。自己超越は、この世にあるすべてのものが１つの全体の一部であるとする統一意識の状態に関係した概念であり、自己が宇宙の統合部分であるとする自覚の程度や、霊的現象の受容と霊的統合の程度などの個人差が説明される。

　クロニンジャーの気質理論は人間の性格に遺伝性の生物学的・生理学的基盤を求めた理論であり、その基礎には神経伝達物質の代謝が想定されている点が注目されている。精神病理学では、ドーパミンの代謝量は統合失調症と関係があり、セロトニンは気分障害（躁うつ病）や不安障害に関係があると考えられている。したがってクロニンジャーの理論によって性格の遺伝の問題だけではなく、精神疾患や人格障害の病因の解明や治療法の確立にも大きく寄与することが期待されている。またクロニンジャーの理論にもとづいた性格検査も開発されている。これは TCI（Temperament and Character Inventory）と呼ばれるもので、さまざまな精神疾患や５因子性格検査との関連性が検証されている。

参考文献

木島伸彦・斎藤令衣・竹内美香・吉野相英・大野裕・加藤元一郎・北村俊則（1996）
　「Cloninger の気質と性格の７次元モデルおよび日本語版　Temperament and Character Inventory（TCI）．季刊精神科診断学」７（３），379-399.

村上宣寛・村上千恵子（1999）『性格は五次元だった―性格心理学入門―』　培風館.

詫摩武俊・瀧本孝雄・鈴木乙史・松井豊（2003）『性格心理学への招待［改訂版］―自分を知り他者を理解するために―』　サイエンス社.

丹野義彦（2003）『性格の心理　―ビッグファイブと臨床からみたパーソナリティ―』　サイエンス社.

# 第9章 人間の発達

## 9.1 発達とは

　発達とは、受精してから死に至るまでの、一定の順序と方向性を持った変化であり、基本的には連続的かつ漸進的な過程である。従来、「発達」という言葉のイメージからか、身体的・心理（知能）的に上昇を続ける誕生から青年期までを発達の対象としていることが多かった。しかし、身体や知能の下降はある一定の方向性を持っていること、心的な変化は下降ではなく質的変化と考えられることもあり、近年は人の一生涯を対象に発達を考えるようになった。

## 9.2 発達の規則性

　発達とは、心身の質的、量的変化を言い、一定の規則性が認められる。以下にその規則性をまとめる。①全体から特殊、部分的に発達する。たとえば、乳児の物のつかみ方の発達を見ると、はじめは手全体で握りしめるが、次第に親指や人指し指でつかめるようになる。②運動発達には方向性があり、頭部から尾部へ、中心から周辺へと発達する。たとえば乳児がはいはいができるようになるまでには、首、頭、肩、腰、脚といった方向の発達と胸、肩、手首、指の方向の発達がなされる。③発達には順序がある。たとえば、はう、立つ、歩くといった発達の順序である。④臨界期・最適期がある。たとえば、言葉の発達のように発達の最適期があり、その時期をはずすと発達が困難になる。⑤発達には個人差がある。たとえば、同一年齢の子どもの身長や体重の増加が一定ではないように、みな同じ発達をするわけではない。

## 9.3 遺伝と環境

　これまで長い間、遺伝か環境かという議論がなされてきた。「血は水より濃い」のか「氏より育ち」かという議論である。さまざまな論争を経て、現在は遺伝的要因と環境

的要因の相互作用であるという相互作用説の考えに至った。相互作用説に至る前にも、遺伝も環境もというシュテルン（Stern, W. 1871-1938）の輻輳説で落ち着いたように見えた時代があった。しかし、輻輳説は「ある部分は遺伝により、ある部分は環境による」という考え方であった。この考え方は、遺伝的要因と環境的要因はそれぞれ独立していると考えられ、相互作用という考え方ではなかった。

### 9.3.1 遺伝か環境か

　遺伝的要因を裏付ける研究としては、バートの双生児法による知能の相関研究などがある。遺伝的に近い関係であるほど知能に相関が高いことを示している。また、環境的要因を裏付ける研究としては、野生児の研究がある。1920年にインドで発見された2人の姉妹アマラとカマラ（推定8歳と1歳半）は人間として生まれてきたにもかかわらず、狼によって育てられていたため、言葉を話せないばかりか、四つんばいで生肉を食していた。つまり、環境が整っていなければ望ましい発達をとげられないということである。フランスのアヴェロンの森で発見された推定12歳前後の野生児も、種々の習慣は身につけたものの、言葉の獲得は非常に困難だった。

### 9.3.2 臨界期

　発達にはその能力にもっとも適した時期があると考えられている。ローレンツ（Lorents, K. 1903-1989）は、ガンやカモなど離巣性の鳥類は孵化直後の一定期間に最初に出会った動くものに、ついて歩く習性があることを検証し、これを刻印づけ（imprinting）といい、この期間を「臨界期」と呼んだ。一定時期をすぎるとその行動は生じない。

　人間の言語の臨界期は就学前くらいまでと考えられている。つまり、上記の野生児の例では、発見時少女は推定8歳をすぎていたため、言語の臨界期をすぎてしまっていた。実際に、その後の訓練にもかかわらず、亡くなるまでわずかな語彙しか身につかなかった。

### 9.3.3 成熟と学習

　ワトソンは、生後の経験（学習）の重要性を強調し、環境優位説を唱えた。しかし、ゲゼル（Gesell, A. 1880-1961）は、11か月前後の双生児に階段のぼりの訓練をし、早めに訓練した子どもよりも遅れて訓練した子どもの方が、訓練期間が短くすんだ結果から成熟優位説を唱えた。彼は、子どもの固体の中に生得的に組み込まれている、学習する

準備状態（レディネス）が整っていることの重要性を強調した。

　これらの例から、人の発達に影響をおよぼす要因は遺伝と環境であり、両者は相互に影響しあっていることがわかる。

## 9.4　発達段階

### 9.4.1　発達段階

　ところで、発達は連続的かつ漸進的であるとはいえ、ある時期（年齢）と別の時期（年齢）には違いがあることは明白である。たとえば、1、2歳の頃は単語を話すのがやっとだった乳幼児が、幼稚園に通う頃にはおしゃべりが上手にできるようになり、その後、流暢にスピーチができるようになったなどである。このように、ある視点を持って発達を区分したものを発達段階と呼ぶ。上の例では、言語能力という視点で考えたわけである。発達を区分する視点はたくさんある。よって、発達段階のわけ方は研究者によって異なる。その違いは、表9-1を見てみるとわかる。しかし、おおよその研究者において一致している発達段階を示すと、受精～誕生までを胎児期、誕生～1歳くらいまでを乳児期、1歳～5歳くらいまでを幼児期、6歳～11歳までを児童期、12歳～22歳くらいまでを青年期、22歳～64歳くらいまでを成人期、65歳～を老年期とする。なお、青年期はさらに前期青年期・中期青年期・後期青年期とわけたり、成人期も前期成人期（壮年期）・後期成人期（中年期）とわけたりすることもある。以下では、代表的な発達段階の理論と発達観を紹介する。

**表 9-1　さまざまな発達段階**

| 区分の観点 | 研究者 | 0 | 1 | 2 | 3 | 4 | 5 | 6 | 7 | 8 | 9 | 10 | 11 | 12 | 13 | 14 | 15 | 16 | 17 | 18 | 19 | 20 |
|---|---|---|---|---|---|---|---|---|---|---|---|---|---|---|---|---|---|---|---|---|---|---|
| 精神構造 | シュテルン, E. 1923 | 乳児期 | 未分化融合期 ||||| 分化統一期 |||||| 成熟前期 |||| 分化統一期 |||||
| 精神構造 | クロー, O. 1928 | 幼児期 ||| 第一反抗期 | 児童期 |||||||| 第二反抗期 || 成熟期 ||||||
| 読書興味 | 坂本一郎 ||||| 昔話期 ||| 萬話期 || 童話期 || 物語期 || 文学期 ||| 思春期 ||||
| リビドー | フロイト, S. 1905 | 口唇期 || 肛門期 | 男根期 || 潜伏期 |||||||| 性器期 |||||||
| 心理社会的危機 | エリクソン, E. H 1950 | 乳児期 | 早期児童期 | 遊戯期 ||| 学齢期 ||||||| 青年期 ||||||||
| 知能・思考 | ピアジェ, J. 1956 | 感覚運動期 || 前操作期 ||||| 具体的操作期 ||||| 形式的操作期 |||||||||

## 9.4.2　ピアジェの発達段階

　ピアジェ（Piaget, J. 1896-1980）は知能の質的変化に着目し、その発達段階を感覚運動期、前操作期、具体的操作期、形式的操作期に分類した。感覚運動期は、誕生～2歳半くらいまでを指し、感覚器から受容する刺激と自分の運動とを呼応させる時期である。前操作期は、2歳～6歳くらいまでを指し、事物と事象を理解し反応できるようになる。ただし、事物の見えに左右される時期である。この「見え」に左右されるということは、ピアジェが行なった保存の実験で証明されている。たとえば、同じ大きさの2つのビーカーに同量の水が入っている。一方をビーカーよりも細長い容器に移すと、子どもは水面の高さが高い、細長い容器の方の水量が多くなったと判断するといった場合である。このような「見え」に左右されない、保存の概念を取得するのは、次の具体的操作期に入ってからである。具体的操作期は、7歳～11歳くらいまでを指す。この時期は、事象や事物の特徴や関係性を理解し、具体物を通して問題解決できるようになる。そして、形式操作期（12歳以上）になると、論理的思考がさらに発達し、仮説検証的な、演繹的、推論的な問題解決が可能になる。

## 9.4.3　フロイトの発達段階

　フロイトは、リビドーを感じる身体的部位が年齢によって異なることを視点に、発達段階を5つに分類した。それらは、口唇期（誕生～1歳半くらいまで）、肛門期（1歳半～3、4歳くらいまで）、男根期（3、4歳～5、6歳くらいまで）、潜伏期（6歳～11歳くらいまで）、性器期（12歳以上）である。フロイトは、特に、口唇期、男根期、性器期において、リビドーの充足のされ方如何により、後の性格に影響がおよぶと考えた。

## 9.4.4　エリクソンの発達段階

　エリクソン（Erikson, E. H. 1902-1994）は、自我と社会とのかかわりに重点をおき、8つの発達段階を考えた。さらに、各段階には乗り越えるべき心理社会的危機があると考えた（表9-2参照）。
　エリクソンの発達段階における心理社会的危機では、特に、乳児期、青年期、老年期が着目される。詳細は、次節において述べる。

表 9-2 エリクソンの発達段階

| 発達段階 | 心理社会的危機 | 重要な対人関係の範囲 | 心理・社会的様式 |
| --- | --- | --- | --- |
| Ⅰ 乳児期 | 信頼 対 不信 | 母親的人物 | 得る、お返しに与える |
| Ⅱ 早期児童期 | 自立性 対 疑惑 | 複数の親的な人物 | 保持する、手放す |
| Ⅲ 遊戯期 | 積極性 対 罪悪感 | 基本的家族 | 思い通りにする、まねをする |
| Ⅳ 学齢期 | 生産性 対 劣等感 | 近隣、学校 | 完成する、ものを一緒につくる |
| Ⅴ 青年期 | 同一性 対 同一性拡散 | 仲間集団と外集団指導性モデル | 自分自身である、自分自身であることの共有 |
| Ⅵ 初期成人期 | 連帯性 対 孤立 | 友情・性・競争・協力の相手 | 他者の中で自分を失い、発見する |
| Ⅶ 成人期 | 生成性 対 自己停滞 | 分業と共同の家庭 | 世話をする |
| Ⅷ 成熟期 | 統合性 対 絶望 | 人類、わが種族 | 存在しなくなることに直面する |

## 9.5 各発達段階における特徴

### 9.5.1 乳児期

ポルトマン（Portmann, A. 1897-1982）によると、人間は生理的早産であるという。つまり、本来、まだ母の胎内にいるはずなのに早く生まれてきたために、歩行、排泄、摂食ができるまでに数年を要する。不完全な状態で生まれてきているという意味で、早産であるとポルトマンは考えたのである。

ところで、乳児にとって母親的役割を担う人はとても重要である。その理由は、泣くという行為によるあらゆる生理的信号に気づき、援助してくれる存在だからである。そして、この母親的役割の人との基本的な信頼関係を築くことが、乳幼児期における課題である。またボールビィ（Bowlby, J. 1907-1990）は、乳児期の発達観について次のように述べている。

乳児は、養育者（母）に対して他の人とは違った、特徴ある反応を示すようになる。たとえば、養育者（母）を見ると、泣き止む、後を追う、しがみつくなど、情緒を伴った行動である。ボールビィは、これを愛着行動（attachment）といった。彼によると、愛着とは、乳児が特定の他者に対して形成する情愛的なきずなである。

愛着行動は、養育者（母）が乳児に働きかけるというような一方的なものではなく、乳児の方からも養育者（母）に能動的に働きかけるという相互関係である。また、養育者（母）が乳児の愛着行動に敏感に対応できれば、養育者（母）との愛着関係が深まり、密接な関係が成立する。愛着は人格形成の基礎をつくり、人の一生に重大な影響を与える。養育者（母）との間で、密接な関係が作れない場合を母性養護剥奪（マターナルデプリベーション：maternal deprivation）と呼び、乳児のその後の心身の発達に重大な影

響をおよぼすという。ハーロウ（Harlow, H. F. 1905-1981）は、子ザルを針金製とやわらかい布でおおった2種類の代理母模型で飼育する実験をした。両群の子ザルは、授乳以外は布の母のところで過ごすことが多かった。布の肌触りから母ザルにかわる快感を得ていたと思われる。人間の乳児においても身体接触が愛着関係成立に大きな影響を持つと思われる。

### 9.5.2 幼児期

　幼児期は心身ともに目覚しく発達する時期である。身体的側面では、歩行が可能になり、それに伴い複雑な運動も可能になってくる。また、言語面の成長が著しく、1歳前後で単語（「ママ」、「ワンワン」など）が話せるようになり、やがて2語文（「ブーブー、いっぱい」など）が話せるようになり、その後3語文、4語文と次第に長い文が話せるようになる。語彙も急速に増え、就学前には1,000語ほどになるといわれている。歩行が可能になったことと、言語の発達により行動範囲が広がり、親以外の他者とのかかわりも増えてくる。この頃より社会化がはじまる。

　また、乳児期は自分と他者との区別がはっきりとしていなかったが、幼児期には自分とは異なる、自分がコントロールしきれない「他者」という存在を認識できるようになる。しかし、考え方は主観的であるため、さまざまなジレンマが起こる。これが第一次反抗期である。さらに、男の子と女の子の違いがわかるようになってくるのもこの時期である。これが第一次性徴である。

### 9.5.3 児童期

　児童期は、多くの学者が人生の中でももっとも安定した時期であると指摘している。その理由は諸説あるが、多くは就学により多くのことを習得するため、何かに悩んだりする余裕がないからだとされる。児童期に特徴的なのは、10歳前後に同性の友達5人～10人ほどと徒党を組んで遊ぶ現象である。この徒党を組んで遊ぶ様子から、この時期をギャング・エイジ（徒党時代）と呼ぶ。

### 9.5.4 青年期

　青年期（前期青年期）は身体的発達が著しく、身長などの発達は親世代を超えたりするが、これを発達の加速化という。また第二次性徴を迎えるのもこの時期で、性的な発達も近年早熟傾向にある。

身体的変化に伴い、心理的にも変化が起こり、自分という概念が崩され、もう一度「自分とは何か、自分の進むべき方向はどこなのか」を考えるようになる。これがエリクソンのいうアイデンティティ（自我同一性：Identity）である。アイデンティティの確立は、自分の独自性や一貫性を保ち自分らしさを作りあげる意味と、集団や社会の中の一員として一定の役割を果たす社会的な意味とを持っている。エリクソンは、そうしたアイデンティティ確立の重要な要素として、職業を選択することをあげている。しかし、アイデンティティの確立は容易なことではなく、しばしば問題に遭遇し自己確立に失敗することがある。エリクソンは、このような心理社会的危機をアイデンティティ拡散といった。こうした状況下では、自分について確信が持てず、不安感、自信喪失の状態に陥り、問題行動へとつながることもある。このような危機を乗り越え、アイデンティティを確立するには時間を要する。エリクソンはこれを心理社会的モラトリアム（猶予期間）と呼び、社会が青年に与えた大人になるための準備期間であるとした。モラトリアムの期間は時代とともに延長され、現代ではニートやフリーターの増加といった社会現象が問題となっている。早まっている身体的発達と比較してみても、精神的な発達はむしろ遅く、こうした心身の発達のアンバランスは、現代の青年期の特長であるともいえる。

### 9.5.5 成人期

前期成人期（壮年期）には、職に就き、生涯のパートナーを見つけ結婚し、子どもを育てるといったさまざまな課題がある。生産的で上昇的な面が多いように思われる。一方、後期成人期（中年期）は子育ても一段落し、家族との新しい関係作りが必要になってくる。また、仕事面では責任が重くなる一方、上司と部下との間に挟まれる中間管理職にあたることが多く、ストレスも多くなってくる。一生を1日の日の出から日没までにたとえたユングによると、中年期は人生の正午であるという。忙しかった午前中を終え、午後をどのように過ごすかを考えるときである。つまり、前期成人期までに多くの課題を達成し、これからの人生をどのように生きていくのかを考える時期であるという。

### 9.5.6 老年期

老年期は、他の発達段階と大きく異なることが1つある。それは、次の発達段階がないことである。つまり、先にあるのは「死」であるということである。したがって、エリクソンは、この時期の心理社会的危機を、「完全性対絶望」としている。具体的に

### 第9章 人間の発達

は、心身の機能の低下を受け入れ、これまでの人生を統合することができるか、先にある死を恐れ絶望するかの葛藤が起こるということを表している。老年期は、身体的にも精神的にも衰えを示すことが多い。また、近親者の喪失を体験することも多い。自身の衰えと近親者の喪失とが、「死」に対する不安を掻き立てることがある。それによって、老年期うつ病のような精神障害を発症することもある。しかし、「死」への恐怖を乗り越え、自身の人生を統合し、穏やかに死を迎える準備をすることが、老年期の課題となる。

## 9.6　高齢者の心理

### 9.6.1　高齢者の知的能力

　ウェクスラー方式では知能を言語性、動作性とにわけて考えるが、基礎心理学第7章で述べたようにキャッテルは、教育や学習などの経験の積み重ねによって得られた知能を結晶性知能とし、経験などの影響を受けない固有の生得的能力を流動性知能とした。これは、ウェクスラーの言語性、動作性とほぼ一致する。高齢になると知的能力が低下すると一般的に考えられがちだが、一概にそのようにはいえない。シャイエ（Schaie, K. W. 1980）は、知能の加齢パターンを図9-1のように示している。言語性知能は、60歳くらいまで上昇し続けるし、動作性は30代前半にピークに近づくが、その後50歳くらい

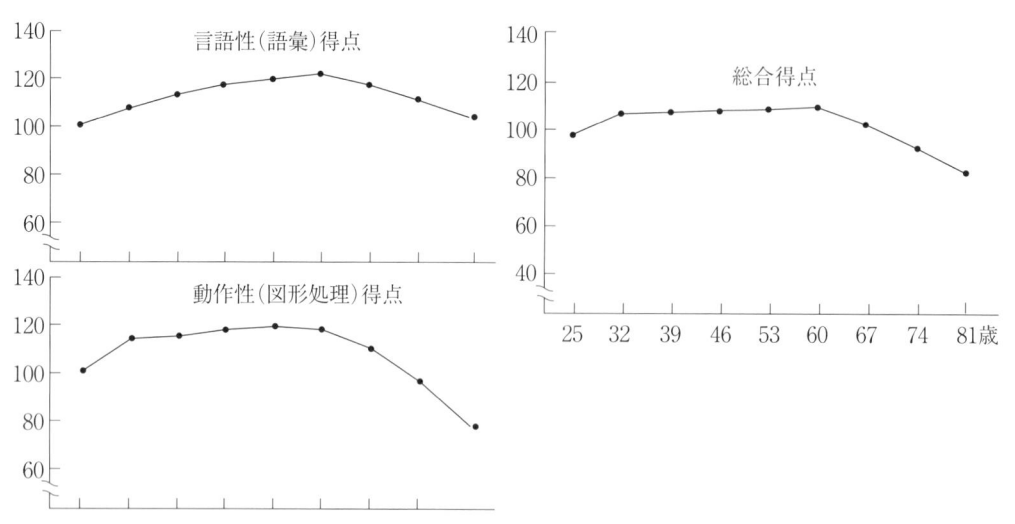

**図 9-1**　PMA知能検査による修正された知能の加齢パターン（注　K. W. シャイエ，1980のデータ　『介護福祉養成講座老人・障害者の心理』　中央法規．）

まで上昇を続け、60歳くらいまでその状態を維持していることを示している。

### 9.6.2 記憶におよぼす影響

記憶の過程で、記憶を明確にするための必要な手がかりを得る能力や情報を整理して体制化する能力が衰えると考えられる。何でもないことが思い出せないなどの現象は、長期記憶として保持されている情報の中から、必要とする適当な情報を拾い出すプロセスのどこかが、加齢により妨害されるのではないか、と推測される。高齢者でも繰り返し学習することで効果が表れたり、記憶すべき事物をよく理解している場合には比較的よく記銘でき、保持される。記憶は、脳の生物学的、生理学的変化や心身の老化、感覚・知覚の能力、興味や関心の程度により影響を受ける。短期記憶、長期記憶が高齢になると低下するということは一概には言い切れない（基礎心理学5.4.2参照）。

### 9.6.3 高齢者のパーソナリティ

高齢者のパーソナリティ特性について自己中心、頑固などとよく言われるが、実証的に説明できるものはない。個人の基礎的な部分は、中年期までにほぼ決まるが、大方の高齢者は円満になり、調和がとれてきて社会適応上よい方向へ向かう。適応が困難なほどのパーソナリティの大きな変化は病的なものと見てよい。

**表 9-3 高齢者のパーソナリティタイプ（『社会福祉養成講座心理学』 中央法規．一部筆者変更）**

| | |
|---|---|
| ライチャードの分類 | ①円熟型：年をとった自己をありのままに受容し、人生に建設的な態度を持つ。積極的な社会活動を維持し、そこに満足を見出すというタイプ。<br>②依存型：万事に受動的で消極的なタイプ。責任から解放され、高齢者としていたわられることを好む。依存的欲求の充足が満足をもたらす。<br>③防衛型：老化や老衰に対する不安と拒否が内在しており、その反動として積極的な活動を維持し、若さの証とする。<br>④自責型：過去を悔やみ、自分の不幸や失敗に対して自分を責めるタイプ。うつ状態に陥りやすい。<br>⑤他罰的憤慨型：自責型と反対に自分の不幸を他人のせいにし、他人を非難攻撃するタイプ。 |
| ニューガーテンの分類 | ①統合型：柔軟性があり、情動が安定していて、調和がとれている。社会活動性はさまざまで、積極的な場合もあり、消極的な場合もある。<br>②防衛型：ライチャードの分類の中にある反動的に活発な防衛型ばかりでなく、老化への自己防衛として、社会活動を自ら縮小させているものを含んでいる。<br>③依存型：ライチャードの依存型とほぼ同様。<br>④不統合型：精神機能の全般的低下や情動の不安定を有するもので、適応不良を起こしやすい。 |

# 第9章 人間の発達

ライチャード（Reichard, S. 1968）と、ニューガーテン（Neugarten 1968）は、高齢者の性格タイプの特長を表9-3のようにあげている。

### 9.6.4 高齢期の適応

#### 9.6.4.1 老いを受け止めてどう生きるか

エリクソンはライフサイクルの第8段階を65歳以上とし、充実した人生を送ってきた人々は、この段階で人生を振り返り自我を統合して老いを受け入れるが、人生に悔いを残し、不満に満ちていると絶望に陥ると述べている。ユングは、人生の後半について述べた数少ない心理学者・精神医学者であったが、高齢期になると、それまで外に向けていた関心が内側に向き、内面の成熟をを目指すようになり、人は生涯をかけて自己実現を果たしていくという。

#### 9.6.4.2 離脱理論と活動理論

カミングとヘンリー（Cumming & Henry）により1960年に発表された。離脱理論は、高齢者が社会から離れて暮らすようになるのは、自然の発達過程であるとする。活動理論は、高齢になっても社会で役割を持ち活動的に生活する高齢者をいう。どちらもよい適応状態の加齢パターンである。

#### 9.6.4.3 サクセスフル・エイジング（successful aging）

離脱理論と活動理論がきっかけとなり、1960年代頃から上手く適応した老年期とはどのようなものであるかが研究されてきた。概念の幅が広く、多面的に把握しなければならない。

### 9.6.5 研究法

加齢による影響について研究するときに、その研究法が問題となる。一般的に発達研究法には、横断的研究（cross sectional method）と縦断的研究（longitudinal method）がある。横断的研究法は広い年齢層の人たちを対象に同一のテストを行ない、その成績を各年齢別に比較するものである。同時代に育った集団をコホート（同時出生集団）と呼ぶが年齢により、コホートが異なり、純粋に加齢の変化とみなすことはできない。横断的研究では、短期間に多数のデータが得られる、などの利点がある一方、機能低下を過大

視しやすい。縦断的研究では同一人物を対象として追跡調査を行ない、その成績の時系変化を観察する。時間がかかりすぎ中途脱落者が出て、レベルの高い人の追跡になってしまう。また同一人物が何回もテストされるので、テスト慣れも考えられ、機能低下を過小評価しやすい。これらの欠点や長所を踏まえた系列法という新しい方法がある。これは、いくつかの年齢集団を同時に縦断的に追っていくものである。

参考文献

新井邦二郎（2001）『図でわかる発達心理学』 福村出版株式会社.

福祉士養成講座編集委員会（2003）『老人・障害者の心理　介護福祉士養成講座7』 中央法規.

井上勝也・木村周（1998）『老年心理学』 朝倉書店.

下仲順子（1988）『老人と人格』 川島書店.

進藤貴子（2003）『高齢者の心理』 一橋出版株式会社.

内田伸子・臼井博・藤崎春代（1999）『乳幼児の心理学』 有斐閣.

無藤隆・高橋恵子・田島信之（1990）『発達心理学入門Ⅱ　青年・成人・老人』 東京大学出版会.

# 第10章　社会と人間

　心理学の大部分は、個人を対象にした内容である。たとえば、知覚や学習、記憶、発達などは、それぞれが個々人の中に存在する心的側面を示している。しかし、人間は社会的動物といわれるように、他者の存在なしには生きていけない。それゆえに、心の治療を中心にした臨床心理学と、このような対人関係を扱う社会心理学とは密接な関係を持っているといえる。以下では社会心理学の中でも、対人関係や集団といった、基本的な内容に触れる。

## 10.1　対人認知

　対人認知とは、相手はどのようなパーソナリティで、どのような心理状態にあるのかといった相手に対する認知のことをいう。対人認知の中でも、断片的な情報からその人物に対する全体的な印象を作りあげる過程を印象形成という。アッシュ（Asch, S. E.）は、ゲシュタルト心理学の立場から印象形成について考え、ある人物に対する全体的な印象は個々の特性に還元できないとした。それを証明するために、次のような実験を行なった。被験者を2群にわけ、両群に対し次のような教示をした。「これからある人物について、いくつかの特徴を読みあげます。それを注意して聞いて、その人物の印象を作りあげてください。」その後、一方の群には、「知的な、器用な、勤勉な、あたたかい、決断力のある、実際的な、注意深い」というリストを、もう一方の群には、「知的な、器用な、勤勉な、つめたい、決断力のある、実際的な、注意深い」というリストを提示した。その後のある人物への印象は、あたたかいという語の入ったリストを提示された群は、つめたいという語の入ったリストを提示された群よりも、好ましい印象をつくった。このような結果からアッシュは、「あたたかい」、「つめたい」という言葉が核になり、これを中心にして他の単語が体制化されて、全体の印象を作ったと考えた。つまり、他の同じ単語が「あたたかい」、「つめたい」の違いにより、異なる意味に変化すると考えたのである。たとえば、「知的な」という特性は、「あたたかい」を提示された群では「賢い」という意味合いに、「つめたい」と提示された群では「打算的な」とい

う意味合いに印象が作られたということである。アッシュは、この実験における「あたたかい・つめたい」のように印象形成に強い影響を与える特性を中心的特性と呼び、それほど強い影響を与えない特性を周辺的特性と呼んだ。

## 10.2 対人関係の認知

対人認知が、相手という1人の対象への認知であるのに対し、対人関係の認知とは、自分と相手の関係への認知である。対人関係の認知を説明するために、ハイダー（Hider, F. 1896-1988）の認知的均衡理論を紹介する。認知的均衡理論は、三者間の関係を説明するものである。ハイダーは、ある人Pが他者Oとある対象X（人や事物）に関係を持つ場合、各二者間の関係の在り方により、バランスが取れている場合と、そうでない場合があることを図10-1のように図解した。つまり、関係が好ましい状態をプラス（＋）、好ましくない状態をマイナス（－）としたときに、3種の関係を掛け合わせて、プラスの場合はバランスの取れた状態、マイナスの場合をアンバランスの状態と考えた。さらにハイダーは、人間は認知的にバランスの取れた人間関係を維持しようとする傾向があると考えた。

また、認知的均衡理論の立場から、人の社会行動を説明する理論として、フェスティンガー（Festinger, L. 1919-1989）の認知的不協和理論がある。認知的不協和理論は、すでに持っている知識（情報）と、新たに得られた知識（情報）とに差異が認められると、矛盾や不調さを感じ、不快になることを説明している。つまり、認知が不協和の状態のことを指す。このようなことが起こるのは、人は認知的に自己の内部に矛盾を生じ

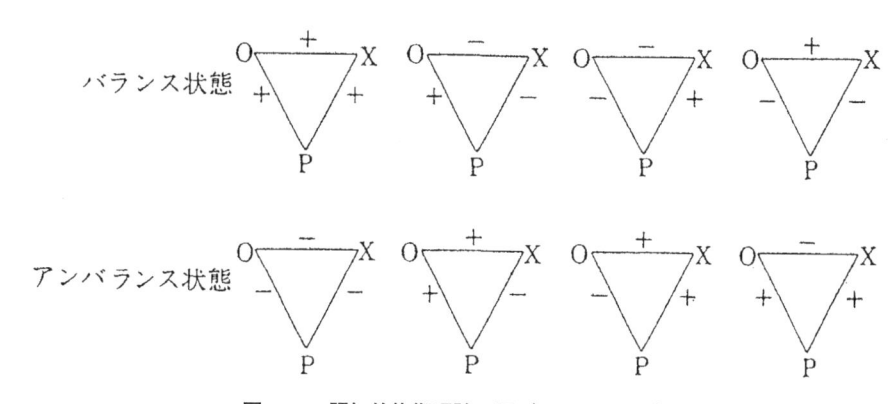

**図 10-1** 認知的均衡理論の図（Heider, 1946）

ないようにさせる傾向を持っているからである。

## 10.3 対人魅力

対人魅力とは、ニューカム（Newcomb, T. M. 1903-）によると、相手自身の持つ報酬価にもとづいて形成される対人的な態度だという。ちなみに、態度とはある対象や状況に対する一貫性を持つ感情であり、一定の反応傾向をもたらす比較的持続的な準備態勢のことである。態度を作りあげる原因は、①社会的影響、②人格的要因、③情報の3つがあげられる。

ニューカムによれば、対人魅力は、①賛美、②交互性、③知覚された支持のいずれかが成り立つ場合に感じられる。AとBという二者にたとえて説明すると、賛美とは、Aが好ましいと考える内在的な属性をBが備えていると知覚されることである。具体的には、やさしい人が好ましいと考えるAが、Bのうちにやさしさを知覚したような例である。交互性とは、BがAに魅力を感じていることをAが知覚している場合である。知覚された支持とは、A、Bとも関係している対象Xに対して、BがAと類似した態度を持っていることをAが知覚している場合である。たとえば、同じ映画を観て、Aが面白かったと感じているときに、Bも面白かったと感じていることを、Aが理解した場合などである。ニューカムは、上記の3つの中でも「知覚された支持」がもっとも重要と述べている。

## 10.4 集団

集団とは、単に人が集まっているだけでなく、何らかのつながりを持った人の集まりである。そのつながりとは、心理的なものであったり機能的なものであったりする。また、成員間に相互依存的作用が働いていることも重要である。したがって、信号待ちで集まった人々は青信号を待つという同じ目標を持っている（心理的なつながりがある）が、それぞれの人に相互依存的作用が働いていないため集団とはいえない。このような人の集まりのことは群衆と呼ぶ。

集団が形成されると、その集団に成員をとどまらせようとする力が生ずる。これを集団凝集性と呼ぶ。つまり、集団凝集性が強いということは、成員がその集団に魅力を感じ、成員であることに価値をおいているということである。では、集団の魅力とはどの

ようなものから生ずるのであろうか。一般に、集団の魅力の源泉は、以下の3つが考えられる。①その集団を構成している成員に魅力がある場合（憧れの先輩がいる場合など）。②その集団の主たる活動に魅力がある場合（英会話を習得したい人が英会話サークルに入会する場合など）。③その集団に所属していることに何らかの社会的価値がある場合（ファンクラブや高級クラブの会員など）。

ところで、集団の凝集性が高まると、集団から成員への拘束力が強まることになる。この拘束力は、成員の行動や態度に一定の圧をかけることになり、集団圧力と呼ばれる。集団圧力は、成員数がかぎられている集団により強く働くといわれる。

このような集団圧力は、同調行動を引き起こす。同調行動とは、意見の少数派にいる人が、自分の意見を多数派に合わせるように変えることをさす。アッシュは、集団圧力と同調行動との関係を実験した。アッシュは、標準刺激図形（図10-2）として1本の線分を提示し、標準図形と同じ長さの線分を3つの比較図形（図10-3）から選択させるという実験を行なった。その際、真の被験者1人とサクラ3人以上の複数人を同時に実験し、真の被験者が最後に回答するように順番を決める。そして、サクラがあえて間違った同一の回答をすると、真の被験者も同調することを明らかにした。もちろん、1人で回答すれば絶対に間違わないであろう課題である。集団圧力に屈せず、正しい解答ができたのは、25％にすぎなかった。このような同調行動が起こる原因は、集団から逸脱していることにより他の成員から批判されたり、無視されたりすることを回避するためであると考えられる。

ところで、集団には、目的の違いによる2つの機能がある。集団全体の業績や成果を挙げることを目的としている側面は目標達成機能であり、集団としてのまとまりを維持し発展させていこうとすることを目的としている側面を集団維持機能と呼ぶ。集団の機能に関連しているのが、リーダーシップである。リーダーシップの考え方にはいくつかあるが、代表的なものとしてPM理論がある。三隅（1966）は、リーダーのタイプを、基本的機能である課題解決を志向したP（performance）機能と、集団の自己保存ないし集団の過程を維持し強化しようとするM（maintenance）機能の強弱によって、4つに分類した（図10-4参照）。図中のP、Mは、それぞれP機能、M機能が強いことを、p、mは、それぞれの機能が弱いことを示している。三隅は、4つのタイプの違いにより集団への効果が異なることを実証した。それによると、PM型は集団の生産性、成員の満足度、モラールがもっとも高かった。Pm型のリーダーの下では、生産性は高いがモラールが低く、pM型のリーダーの下では、モラールは高いが生産性が低かった。そして、

pm型では生産性も成員の満足度もモラールももっとも低かった。つまり、リーダーにはP機能とM機能の両方を兼ね備えていることが大切であることが明らかにされた。

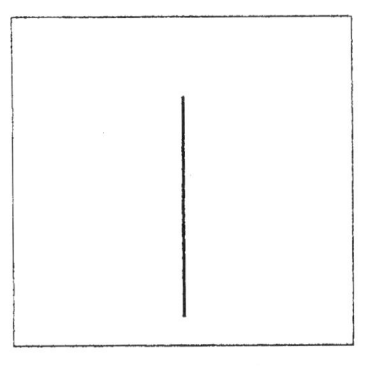

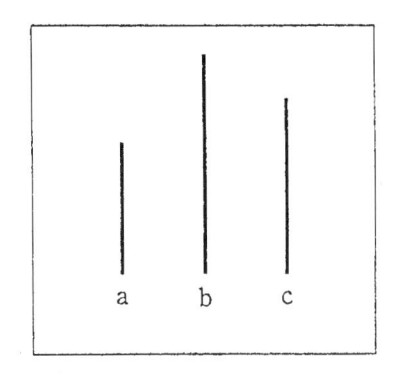

（Asch, S. E. 1951）

図10-2　アッシュの実験の標準刺激図形　　図10-3　アッシュの実験の比較刺激図形

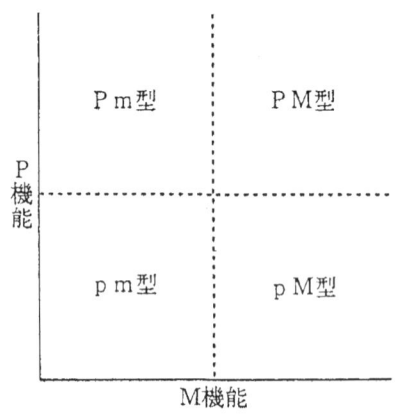

図10-4　PM理論の図（吉森護（1991）『人間関係の心理学ハンドブック』　北大路書房.）

参考文献

安藤清志・大坊郁夫・池田謙一（1995）『現代心理学入門4 社会心理学』　岩波書店.

斉藤勇（1988）『対人社会心理学重要研究集5』　誠心書房.

神宮英夫（1992）『心理学』　東京教科書出版株式会社.

深田博巳（1999）『コミュニケーション心理学』　北大路書房.

吉森護（1991）『人間関係の心理学ハンドブック』　北大路書房.

# 第11章　障害について

## 11.1　障害の概念

　一般に障害とは「身体の組織、機能の永続的な異常」と考えられているが、これは障害を生物学的レベルで定義したにすぎない。すでにWHO（世界保健機関）は、1980年に発表した国際障害分類試案の中で、障害を3つのレベルで検討すべきことを提示している。すなわち心身の異常（Impairment）、能力の不全（Disability）、および社会的な不利（Handicap）の3レベルである。

　1人の障害者については、常にこの3つのレベルの困難が生起する。たとえば乳児が染色体の検査を受け、異常を発見されてダウン症という診断を受ければ、母親はまず自分の子どもの「心身の異常」に直面することになる。次にこのダウン症の子どもが3歳になっても言葉が出なかったりオムツが外せなかったりすれば、母親は子どもの生活習慣形成の困難さ、つまり「能力の不全」に深刻な関心を持つ。さらにこのダウン症の子どもが成長して、6歳になっても地元の小学校に入学できず、知的障害の養護学校への通学を教育委員会から勧められた場合には、母親は自分の子どもの参加の制限、つまり「社会的な不利」を経験することになる。

　以上の3つのレベルの障害の他、わが国ではDisorder、Disturbanceなどニュアンスの異なる用語が等しく障害と訳されるので、障害を必ずしも「永続的な異常があること」と考えることはできない。特に行政的な視点では、障害を「通常の人間的なニーズを満たすのに特別の困難を持つ状態（国際障害者年行動計画）」の次元でとらえることが多い。たとえば1993年に制定されたわが国の障害者基本法においても、この考え方にしたがって「障害者とは身体障害、知的障害または精神障害があるため、継続的に日常生活または社会生活に相当な制限を受ける者をいう」として、生活における困難さを重視する立場を取っている。

　この障害者基本法は2004年の改正に際して、自閉症その他の発達障害についても継続的に生活上の支障がある者には支援策を推進するように、との付帯決議が参議院で採択されていた。これを受けて2005年に施行された発達障害者支援法は「自閉症、アスペル

第11章　障害について

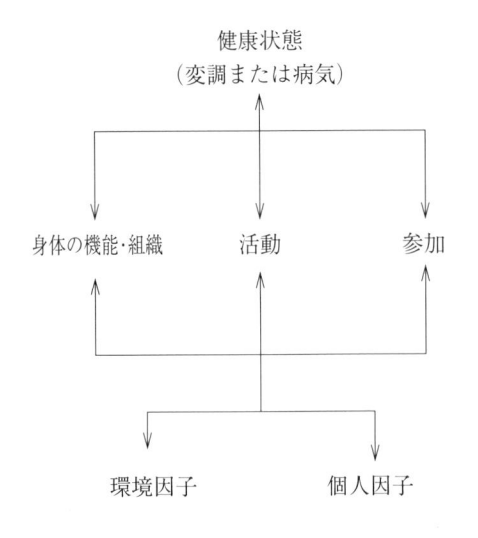

**図 11-1　生活機能分類の要素間の相互作用**

ガー症候群その他の広汎性発達障害、学習障害（LD）、注意欠陥多動性障害（ADHD）その他これに類する脳機能の障害」をこの法律の支援対象とし、障害者の範囲をさらに拡大している。なお WHO は、2001年に至って国際生活機能分類を提示し、上記の国際障害分類の用語を身体の機能・組織、活動、および参加という積極的枠組みに変更し、その全体を生活機能と呼んでいる。またそれらの背景として環境因子と個人因子を加え、その相互作用を図11-1のように示している。このモデルでは、たとえ同一の障害であっても、環境や個人の在り方によっては全体の生活機能が変化するという、障害の変容する側面を提示している点が注目される。

## 11.2　知的障害

### 11.2.1　定義

　知的障害については、いくつかの定義がある。古くは1953年に文部省（現文部科学省）による「種々の原因により精神発育が恒久的に遅滞し、このため知的能力が劣り、自己の身辺の事柄の処理及び社会生活への適応が著しく困難なもの（教育上特別な取扱いを要する児童生徒の判別基準）」という定義がある。最近の例としては、厚生労働省が2000年に実施した知的障害児（者）基礎調査において、知的障害とは「知的機能の障害が発達期にあらわれ、日常生活に支障が生じているため、何らかの特別の援助を必要とする状態にあるもの」としている。ここにある知的機能が不全、発達期に発症、日常生活に支障という3要件は、AAMD（アメリカ精神遅滞学会）の定義「全般的知的機能が平均より有意に低く、同時に適応行動における障害を伴う状態で、それが発達期に現れるもの」や DSM-IV-TR の診断基準に共通して含まれている。

　既述のように知能の発達は18歳までにピークに達するから、その期間に何らかの原因で知能が正常に発達しない場合が対象になるのであって、それ以後に生じた異常、たとえば認知症による知能低下などは知的障害とは呼ばない。

知的機能の障害を判定するためには、主として知能検査が使用される。上述の2000年基礎調査においても、標準化された知能検査（ウェクスラーによるもの、ビネーによるものなど）を使用して「測定された知能指数がおおむね70までのもの」を調査対象としている。この上限としている70という数値は、使用される知能検査によって異なるから必ずしも一定ではない。

このような発達期における知能発達の低さに加えて、日常生活における支障（2000年基礎調査では自立機能、運動機能、意志交換、探索操作、移動、生活文化、職業などの日常生活能力の到達水準を、総合的に同年齢の到達水準と比較して判定している）が重なった場合を知的障害と呼ぶのである。

### 11.2.2　知的障害の原因

知的障害の原因はきわめて多岐にわたり、しかも原因が重複している場合がある。最近では病理学的な追及も進んでいるが、いまだに原因不明のものも多い。おもなものを発症の時期により、出生前、出生前後および出生後にわけて次に例示する。〈（　）内は症例名〉

① **出生前**

染色体異常（ダウン症）、代謝異常（フェニルケトン尿症）、内分泌異常（クレチン症）、母斑病（結節性硬化症）、形態異常（小頭症）、感染症（トキソプラズマ症）、有機水銀などの中毒症、放射線などの物理的要因、その他の生理的要因。

② **出生前後**

早産、仮死産、低体重出生など。

③ **出生後**

感染症（日本脳炎）、外傷、血液型不適合、虐待などの環境上の要因など。

これらの原因が重症であったり、形態異常などの特徴がある場合には早期診断も可能であるが、生後1、2年が過ぎて、運動や言葉の発達の遅れなどが顕著になった時点ではじめて障害を疑われる例が少なくない。その意味で1歳半健診や3歳児健診の内容を充実し、早期発見の機会として活用することが望まれる。

### 11.2.3　知的障害者数

先にあげた2000年の知的障害児（者）基礎調査の結果では、把握された知的障害者

（児童を含む）の数は全国で45万9100名、うち在宅の障害者が32万9200人（71.7%）、施設などに入所中の障害者が12万9900名（28.3%）となっている。特に18歳未満の児童についてこの調査の結果を見ると、総数が9万3600名でそのうち軽度～中度児の割合は38.6%、重度～最重度児は51.9%である。分布上は、軽度～中度児は重度～最重度児より多いはずで、このような調査では障害の軽い児童が把握されにくいことを示している。

### 11.2.4 障害の程度

軽度～最重度という障害の程度は療育手帳にも記載されるが、その判定基準によると、重度とは次の①または②のような児童をいう。

① 知能指数がおおむね35以下で、食事、着脱衣、排便および洗面など日常生活の介助を必要とし、社会生活への適応が著しく困難。もしくは、頻繁なてんかん様発作または失禁、異食、興奮、寡動その他の問題行動を有し監護が必要、のどちらかに該当する児童。

② 知能指数がおおむね50以下で視力、聴力に障害または肢体不自由を有する児童。

これ以外の判定基準は明示されていないが、最重度とは重度のうち知能指数がおおむね20以下のもの、また中度、軽度とはそれぞれ知能指数がおおむね50、70以下で日常生活に介助や監護が必要なものと考えられる。

いったん判定された障害の程度は、必ずしも恒常的ではない。原因によって経過が異なる上に、個々の児童の発達の個人差や治療、教育の効果などによって障害の状況はかなり変化する。したがって医療、教育、福祉などの関係領域の専門家が絶えず協力して、アセスメント→支援計画の作成→療育の実践→再評価のサイクルを繰り返しながら、一人ひとりの地域での自立を支援していかなければならない。

## 11.3 発達障害

一般に発達障害といえば、前述の発達障害者支援法に規定するように、自閉症、アスペルガー症候群などの広汎性発達障害に、LD（学習障害）、ADHD（注意欠陥多動性障害）などを含めて考える場合が多い。このうち自閉症の大半は知的障害を伴っているが、中には自閉症の診断基準を満たしながら知能検査で正常域の得点を得る例があり、これは高機能自閉症と呼ばれる。

またADHDも知能は通常正常域にあるが、知的障害を併せ持つ例も認められる。一方、アスペルガー症候群やLDには概念上知的障害はあり得ないとされる。それらを考慮すると、発達障害の内容は図11-2で示される。図では自閉症とADHDの一部が、知的障害と重なることを示している。

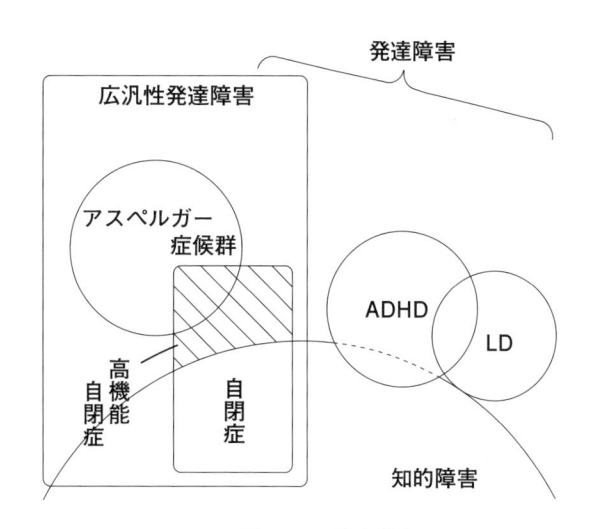

図 11-2　発達障害

### 11.3.1　自閉症

1943年、アメリカの児童精神科医カナー（Kanner, L. 1894-1981）は、幼児期に親との感情交流が乏しく普通児とは著しく異なった精神発達を示した児童11例を報告し、翌年さらに20例の同様の症例を加えて早期幼児自閉症（Early Infantile Autism）の疾患概念を確立した。彼によると自閉症児の基本的特徴は、①器質的異常が認められないこと、②発病が早期であること、③次のような特有の精神症状を呈すること、1.）周囲からの極端な孤立、2.）特有の言語症状、3.）強迫的な同一性保持の傾向、4.）ある一事に極端な関心を示し、その扱いに熟達する、5.）利発そうな容貌などであり、なお幻覚や妄想の体験がないことや、家族に一定の共通した心理的傾向がうかがえることなどが付け加えられた。しかしその後の論文でカナーは早期幼児自閉症の診断基準を改め、周囲からの極端な孤立、同一性保持に対する執拗な要求の2点に濃縮することができるとした。

このカナーによる自閉症の概念は、今日でもほとんど変わっていない。すなわちDSM-VI-TRの「自閉性障害の診断基準」は、次のA～Cの内容になっている。

A：以下の（1）～（3）から合計6つ（またはそれ以上）、うち少なくとも（1）から2つ、（2）と（3）から1つずつの項目を含む。

（1）対人的相互反応における質的な障害で、以下の少なくとも2つによって明らかになる。

①　目と目で見つめあう、顔の表情、体の姿勢、身振りなど、対人的相互反応を調節する多彩な非言語性行動の使用の著明な障害。

②　発達の水準に相応した仲間関係をつくることの失敗。

③　楽しみ、興味、成し遂げたものを他人と共有すること（例：興味のあるものを見せ

る、持ってくる、指さす）を自発的に求めることの欠如。

④　対人的または情緒的相互性の欠如。

（2）以下のうち、少なくとも1つによって示される意志伝達の質的な障害。

①　話し言葉の発達の遅れ、または完全な欠如（身振りや物まねのような代わりの意思伝達の仕方により補おうという努力を伴わない）。

②　十分会話力のある者では、他人と会話を開始し継続する能力の著明な障害。

③　常同的で反復的な言語の使用または独特な言語。

④　発達水準に相応した、変化にとんだ自発的なごっこ遊びや社会性をもった物まね遊びの欠如。

（3）行動、興味および活動が限定され、反復的で常同的な様式で、以下の少なくとも1つによって明らかになる。

①　その強度または対象において異常なほど、常同的で限定された型の1つまたはいくつかの興味だけに熱中すること。

②　特定の機能的でない習慣や儀式にかたくなにこだわるのが明らかである。

③　常同的で反復的な衒奇的運動（たとえば、手や指をぱたぱたさせたり、ねじ曲げる、または複雑な全身の動き）。

④　物体の一部に持続的に熱中する。

B：3歳以前に始まる、以下の領域の少なくとも1つにおける機能の遅れまたは異常。

（1）対人的相互作用、（2）対人的意思伝達に用いられる言語、（3）象徴的または想像的遊び

C：この障害はレット障害、または小児期崩壊性障害ではうまく説明されない。

以上のほか、自閉症児には視覚、聴覚、痛覚や嗅覚などの過敏さ、あるいは鈍さなど、感覚上の異常を思わせる行動が、日常生活上観察されることが多い。

自閉症児の発症率は0.2％前後と言われている。男子に多く、女子の3～5倍というがその理由はわからない。発症の原因もわからず治療法も確立されていないので、早期から保育所や幼稚園で集団生活を経験させ、多様な社会的刺激を与えていく方法（統合保育）や、問題行動の除去や感覚の正常化のために、行動療法的な接近を図るなどの対応が一般的である。

### 11.3.2　高機能自閉症及びアスペルガー症候群

DSM-IV-TRやICD-10にはともに「広汎性発達障害」の項目があり、その下位分類

に自閉症やアスペルガー症候群が含まれている。広汎性発達障害とは「相互的対人関係とコミュニケーションの仕方における質的異常、および関心と活動の範囲が限局され、常同的で、反復的なことを特徴とする。これらの質的な異常はあらゆる状況において、程度の差はあっても、その患者個人の機能に広汎に見られる」(ICD-10) 状態であって、自閉症および自閉症の周辺にありながら自閉症の診断基準を満たさないグループを包含する概念として使われる。高機能自閉症は、自閉症の20～30％を占めると言われるが、DSM-IV-TR には高機能自閉症についての記載はない。

　一方アスペルガー症候群は、臨床的には高機能自閉症に類似した障害であるが、オーストリアの医師アスペルガー (Asperger, H. 1906-1980) が、1944年に報告した「自閉性精神病質」の概念とほぼ一致するため、彼の名が付されている。ICD-10には「関心と活動の範囲が限局的であり、常同的で反復的であることに加え、自閉症に特徴的なものと同じ型の相互的対人関係の質的障害を特徴とするが、まだ疾病論的妥当性の明らかでない障害である。言語や認知的発達の面において遅延や遅滞がないという点で自閉症とは基本的に異なっている。この疾患では著しく不器用であることがしばしばであり、青年期から成人期へとこの異常が持続する傾向が強い。精神病性のエピソードが成人期早期に出現することがある」と記述されている。アスペルガー症候群の発症率は自閉症よりやや高く、0.3％前後といわれている。

　以上のように高機能自閉症とアスペルガー症候群は、その思考と行動の特異さにより周囲に受け入れられにくい障害である。言語や認知的発達が正常で一定の理解力を示すために、かえって対人関係にあつれきを生じやすい。自己に熱中し物事へのこだわりが強いが、限局された興味や関心はしばしばユニークな才能に昇華する。幼少期には診断しにくい障害であるが、成長に伴ってその特異さが目立ちはじめ、二次的問題を引き起こしやすい。特に青年期は思春期特有の課題が重なって不適応の目立つ時期であり、この障害に対する周囲の特別な理解と配慮が必要とされる。

### 11.3.3 ADHD（注意欠陥多動性障害）

　教室の中でうろうろと落ち着きのない子や勉強に集中力のない子は、以前から多動児としてしばしば研究の対象とされてきたが、その原因については専門家間に一致した見方がなく、放任や厳格など親の育て方の不適切がまず指摘された。次いで1960年頃から、このような子どもの中に何らかの脳障害が疑われるものがあり、微細脳機能障害 (Minimal Brain Dysfunction) と呼ばれた。その後、必ずしも脳障害が確認されないこと

や、DSM-IV-TRの「通常、幼児期、小児期または青年期に初めて診断される障害」の中に、「Attention Deficit /Hyperactivity Disorder 注意欠陥多動性障害」が記載されたことから、現在はこの呼び方で統一されるようになった。DSM-IV-TRのADHDの診断基準は次の通りである。

A：（1）か（2）のどちらか。

（1）以下の不注意の症状のうち6つ（またはそれ以上）が少なくとも6か月以上続いたことがあり、その程度は不適応的で、発達の水準に相応しないもの。

**不注意**

① 学業、仕事、またはその他の活動において、しばしば綿密に注意することができない、または不注意なあやまちをおかす。
② 課題または遊びの活動で、注意を持続することがしばしば困難である。
③ 直接話しかけられたときに、しばしば聞いていないように見える。
④ しばしば指示にしたがえず、学業、用事、または職場での義務をやり遂げることができない（反抗的な行動、または指示を理解できないためでなく）。
⑤ 課題や活動を順序立てることがしばしば困難である。
⑥ （学業や宿題のような）精神的努力の持続を要する課題に従事することを、しばしば避ける、嫌う、またはいやいや行なう。
⑦ （たとえばおもちゃ、学校の宿題、鉛筆、本、道具など）課題や活動に必要なものをしばしばなくす。
⑧ しばしば外からの刺激によって、容易に注意を逸らされる。
⑨ しばしば毎日の活動を忘れてしまう。

（2）以下の多動性—衝動性の症状のうち6つ（またはそれ以上）が少なくとも6か月以上持続したことがあり、その程度は不適応的で、発達の水準に相応しない。

**多動性**

① しばしば手足をそわそわと動かし、またはいすの上でもじもじする。
② しばしば教室や、その他、座っていることを要求される状況で席を離れる。
③ しばしば、不適切な状況で、余計に走りまわったり高い所へ上ったりする（青年または成人では、落ち着かない感じの自覚のみにかぎられるかもしれない）。
④ しばしば静かに遊んだり、余暇活動につくことができない。
⑤ しばしば「じっとしていない」またはまるで「エンジンで動かされるように」行動する。

⑥ しばしばしゃべりすぎる。

**衝動性**

⑦ しばしば質問が終わる前に、出し抜けに答え始めてしまう。

⑧ しばしば順番を待つことが困難である。

⑨ しばしば他人を妨害し、邪魔する（たとえば、会話やゲームに干渉する）。

B：多動性―衝動性または不注意の症状のいくつかが7歳未満に存在し、障害を引き起こしている。

C：これらの症状による障害が2つ以上の状況（たとえば学校または職場と、家庭）において存在する。

D：社会的、学業的または職業的機能において、臨床的に著しい障害が存在するという明確な証拠が存在しなければならない。

E：その症状は広汎性発達障害、統合失調症、またはその他の精神病性障害の経過中にのみ起こるものではなく、他の精神疾患（たとえば気分障害、不安障害、解離性障害、または人格障害）ではうまく説明されない。

　ADHDの原因はまだ確認されていないが、背景に何らかの脳の機能障害があることが推定され、最近では薬物（メチルフェニデートなどの中枢神経刺激剤のほか、抗うつ剤、向精神薬、抗けいれん剤など）による治療も行なわれるようになった。

　ADHDの発症率は3～5％といわれている。知的障害やLD（学習障害）を合併している例が少なくない。日常の留意点としては不必要な刺激を排除して単純な状況におくこと、本人の得意な作業に従事させること、行動療法などで生活習慣を再学習させることなどが有効とされる。前述の微細脳機能障害と呼ばれた中には、思春期に入る頃から次第に落ち着きを取り戻す例が多く見られたが、ADHDについても同様の傾向が認められ、年齢による社会的なスキルの習得や中枢神経系の生理的成熟が多動性を軽減すると考えられている。

### 11.3.4　LD（学習障害）

　学習障害（Learning Disabilities）という概念が、教育現場で使われるようになったのは比較的最近のことである。1995年の「学習障害及びこれに類似する学習上の困難を有する児童生徒の指導方法に関する調査研究協力者会議」の中間報告には、LDについて次のような見解が記述されている。

　「学習障害とは、基本的には、全般的な知的発達に遅れはないが、聞く、話す、読

む、書く、計算する、推論するなどの特定の能力の習得と使用に著しい困難を示す、さまざまな状態を指すものである。学習障害は、その背景として、中枢神経系に何らかの機能障害があると推定されるが、その障害に起因する学習上の特異な困難は、主として学齢期に顕在化するが、学齢期を過ぎるまで明らかにならないこともある。学習障害は、視覚障害、聴覚障害、知的障害、情緒障害などの状態や、家庭、学校、地域社会などの環境的な要因が直接の原因となるものではないが、そうした状態や要因とともに生じる可能性はある。また、行動の自己調整、対人関係などにおける問題が学習障害に伴う形であらわれることもある」。

この見解に見られるように、LDは単なる学業不振とは異なり中枢神経系の機能障害による特定能力の障害であるが、なぜ知能水準が正常なのに、字を読む、書く、計算するなどのかぎられた領域に障害が現れるのか、その仕組みは明らかにされていない。

すでにアメリカでは1946年に国際ディスレクシア協会（dyslexia：読字障害）が設立されるなど、LDについては以前から関心が持たれてきた。ちなみにDSM-IV-TRには、この読字障害の診断基準を次のように定めている。

**読字障害**

A：読みの正確さと理解力についての個別施行による標準化検査で測定された読みの到達度が、その人の生活年齢、測定された知能、年齢相応の教育の程度に応じて期待されるものより十分に低い。

B：基準Aの障害が、読字能力を必要とする学業成績や日常の活動を著明に妨害している。

C：感覚器の欠陥が存在する場合、読みの困難は通常それに伴うものより過剰である。

DSM-IV-TRにはこのほか算数障害、書字表出障害および特定不能の学習障害という3分類があるが、いずれも標準化された個別の学力検査と知能検査を実施し、その両者の結果に著しい差が出るときは、他の資料と合わせてLDと診断される。

文部科学省の2002年の全国調査では、担任教師が回答したLDの児童生徒の割合は4.5％に達している。そのほとんどが普通学級に在籍し、障害について特別な指導を受けていない。2003年、「特別支援教育の在り方に関する調査研究協力者会議」は「今後の特別支援教育の在り方について（最終報告）」の中で、「従来の特殊教育の対象だけでなく、LD、ADHD、高機能自閉症を含めて障害のある児童生徒の自立や社会参加に向けて、その一人ひとりの教育的ニーズを把握して、その持てる力を高め、生活や学習上の困難を改善又は克服するために、適切な教育や指導を通じて必要な支援を行うもので

ある」と特別支援教育の内容を発表している。個々に障害の状況が異なるLDに対して、教室内で望ましい指導と支援が行なわれるために、特別支援教育の制度的、理論的確立とその実践が期待される。

## 11.4 偏見について

ここで、障害に対する人々の感情の問題を取り上げたい。わが国の古い歴史書、古事記には男女の神が初めて産んだ子について、「久美度（くみど）におこして生める子は、水蛭子（ひるこ）。この子は葦船に入れて流し去（う）てき」と子どもを遺棄する記述がある。太平洋戦争後、わが国は高度の福祉国家に変貌したといわれるが、地域の障害児に対する偏見が払拭されたわけではない。最近でも、ある大都市で親が乳児を病院に置いたまま引き取りを拒否した事例がある。障害児をかけがえのない存在として育てる福祉の心が、いま一人ひとりに問われている。次にその事例の大要を報告する。

<u>4月</u>：母親（32歳）が児童相談所に来所。3月に産んだ赤ちゃんをまだ病院においたままで、早く引き取るように病院から催促されているが、家では育てられないのでどこか施設に預けたいという相談。

母親の主張 「この子は病院で、ダウン症だと言われた。心臓にも欠陥がある。自分にはすでに2人の子どもがいて、この子を育てる自信がない。主人の家は格式の高い家で、無理に障害児を連れて帰れば離婚される。どこか施設はないだろうか」。児童相談所としては病院に事情を問い合わせるとともに、父親を呼び出して話を聞いた。

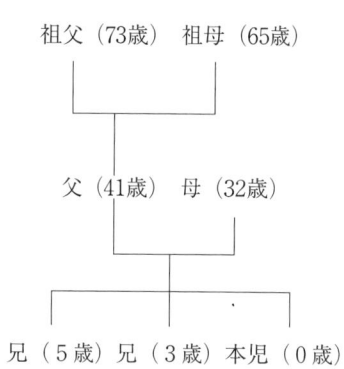

**図 11-3　家族構成**

病院の主張 「母親が希望したので、染色体検査の結果を知らせたところ、ひどくショックを受けたようだった。父親も面会に来なくなった。両親ともに引き取りを拒むので、この子だけが入院を続けている。心室中隔欠損があり、専門病院に転院させてやりたい」。

父親の主張 「この子の家庭引き取りには、祖母が反対している。障害のある子どもは育てるのが大変なので、家庭が混乱する。障害児は障害児の施設で育つ方が、幸せだと思う」。

5月：本児は外科病院に転院した。担当医の話では「心室中隔欠損は軽症だが、2歳頃に手術が必要かもしれない。母親と2人の子どもが1回面会に来ただけなので、洗濯物もたまり、着替えも持ってこないので、変だと思っていた」。

6月：外科病院の主張 「家庭で十分養育できる。退院させたい」。

父親の主張 「病院から引き取るように言われているが、どうしても施設に入れたい。自分で交渉するから、施設を教えてほしい」。児童相談所としては、施設への措置権は児童相談所にあり、親が勝手に入所させることはできないと話す。

7月：母親の主張 「この子のことを思うと、不安で夜も眠れない。精神神経科で、薬をもらって飲んでいる。とても引き取る自信がない」。

児童相談所は祖母を呼び出して話を聞く。「病院が引き取れと言うのなら、家で育てるのもやむを得ないと思うが、最終的には父母が決めることなので、自分は口出しできない」。

8月：母親の主張 「どうしても家で育てる気になれない。この子のことは、もう忘れたい。」

父親の主張 「妻の状態が悪い。施設に早く入れてほしい」。

病院の主張 「早く子どもを退院させたい。父親に、もう自宅には電話をかけてこないように言われた」。

以上のような事例に対して、どのように支援を進めればよいかを検討する。

① 「子どもが健康で、みんなに愛されて育つこと」を目標とする。現状は母親の病気もあり、家庭引き取りは困難。本児の健康のためにも退院を遅らせ、その間に家庭の受け入れ態勢を整える。

② 親の拒否には障害への無知もあると思われる。障害幼児の母子教室などで、親に訓練の現場を見せ、他の親子と交流させるなど、情報を提供して親の不安の軽減を図る。

③ 兄たちを病院に招いて妹と接触させ、まず子ども同士の関係を作る。

④ 母親は、父親・祖母〈施設入所〉と児童相談所・病院〈家庭引き取り〉の対立で身動きが取れない。通院中の医師との連携が必要。

⑤ 母親が寝込んで祖母が家事を取りしきると、父親や子どもたちの不平が多く、祖母もやり返すので、それがストレスとなって母の病状がより悪化するという循環を招いている。家族療法的な介入によって関係の修復を図る。

⑥ 母親の病状を考慮しながら少しずつ家事に復帰する工夫をさせ、一家の主婦としての立場を安定させる。

前述の方針にもとづいて母を中心に支援を進めた結果、母親の健康も回復して、翌年3月に本児は退院して無事に家庭に引き取られた。今後は在宅の本児の発達を支援し、両親の価値観の変容を促すとともに、一方では広く偏見除去のための市民啓発を推進する必要がある。

## 11.5 精神障害

### 11.5.1 精神障害とは

精神障害は脳機能の働きの不調と考えられるが、脳機能の働き自体がよくわかっていないので不明な部分が多い。そのような生物的な要因ばかりではなく心理的、社会的な影響も受けて精神活動が阻害され、不適応状態になったり、社会的に逸脱したりして日常の生活に支障をきたしたものをいう。精神病、神経症、心身症、人格障害、薬物依存、非行、犯罪など広い領域にわたっている。

### 11.5.2 原因による分類

精神障害の原因は内因、心因、外因にわけて考えられるが、単純に分類できない場合もあり複雑で、これらすべてがかかわっている場合もある。

① 内因によるもの

統合失調症や、躁うつ病などのように病因がはっきりせず原因は固体内部に存在すると考えられる疾患である。発症にはその他にも環境因子、心的因子などの種々の誘因が複雑に絡み合っている。

② 心因によるもの

持続的なストレスや急激な状況の変化、家庭、学校、職場などの人間関係への不適応など心理、社会的原因のために精神症状を発症する。神経症、心因反応、性格異常、アルコールや薬物依存、心身症などである。心因性という場合には、心因から生じたことが一般的に納得される必要がある。

③ 外因によるもの

外部から加わった原因による。原因としては脳炎、脳腫瘍、脳外傷、脳血管障害、老化など直接脳に障害をうけた脳の器質性変化によるもの、脳以外の諸臓器の障害によるもの、薬物、毒物などによるものなどがある。

### 11.5.3 主要な精神症状と治療について

精神症状を大きくまとめると知能、記憶、思考などの知的な領域における障害や、誰かが自分の悪口を言っているなどの幻聴（幻覚）、錯覚など知覚の障害、感情の変化が理由なく起こるなど感情面の障害、離人症、作為体験など自我意識の障害、意識混濁、朦朧状態など意識の障害がある。

次に病態別に主症状と治療について述べる。

#### 11.5.3.1 統合失調症

**① 統合失調症**

躁うつ病とともに内因性精神病の1つである。クレペリン（Kraeplin, E. 1856-1926）により早発痴呆として記載され、ブロイラー（Bleuler, E. 1842-1905）により精神分裂病と名づけられた。2002年、日本精神神経学会では精神分裂症を統合失調症と名称変更することを決定した。

原因不明で青年期〜30歳くらいに発病しやすい。一般人口における出現率は0.8％前後である。観察できる陽性症状として幻覚、妄想、興奮などの症状があり、目立つことなく正常な機能が欠落していく陰性症状として無気力、自閉、無為などの意欲の低下、感情鈍麻、思考内容の貧困化などがある。

統合失調症は、自分が病気であるという意識（病識）は低い。統合失調症の病型を表11-1に示す。

表11-1 統合失調症（牛島定信『精神保健』メヂカルフレンド社.）

| 病型 | 破瓜型 | 緊張型 | 妄想型 |
|---|---|---|---|
| 発病年齢 | 15〜25歳 | 20歳前後 | 20歳代後半〜30歳代 |
| 症状 | 意欲の低下、感情鈍麻などの陰性症状が徐々に進行する。幻覚、妄想は断片的である。 | 興奮と混迷（意識はあるが、自ら動かず、反応もしない状態）を急性に繰り返す。 | 細部まで構築された、ゆるぎのない妄想を持っているが、妄想に関する以外は一見正常に見える。 |
| 経過 | 治療にもっとも反応しにくく、重い欠陥状態にいたることが多い。 | 症状のないときには社会生活を送れるが、再発しやすい。重い欠陥状態にいたることは少ない。 | 比較的人格のくずれはなく、何とか社会生活を送れるが、最終的には、欠陥状態に至る。 |

② 統合失調症の治療

医療チームを中心とした早期発見、早期治療、社会復帰、再発予防などの一環した治療が必要である。社会復帰にあたっては、精神障害のためのデイケア、グループホーム、共同作業所など、福祉施設の利用も可能である。家族へのバックアップも重要である。

### 11.5.3.2 気分障害
① 気分障害

内因性の精神病の1つである。うつ病は、抑うつ気分、興味または喜びの喪失。思考、行動の抑制を主症状とし、社会生活や職業生活の障害となる。生きていても仕方がないなどの希死念慮にとらわれる場合、自殺に注意する。躁病は気分が異常に高揚し、興奮、観念奔逸のため、誇大的、楽天的になり自尊心の肥大、睡眠の減少、多弁、注意散漫など、日常とは違った状態が続く。双極性障害は、うつと躁の両方のエピソードを示す。

② 気分障害の治療

医療領域の治療が中心だが、うつ病では自責感が強く、自信をなくしているので心身ともに休養をとることを中心にして、苦しい心情を理解して見守るなど心理療法などのケアも重要である。励ましの言葉に追い詰められることもあるので、注意する。

### 11.5.3.3 神経症
① 神経症

非器質性で心因性の精神疾患であり、心理・社会的原因により発症する。狭義の精神病と異なり、病識があり不安、強迫、恐怖、心気的症状などに悩み、自ら家族や友人に相談したり、通院することが多い。神経症になりやすい素質的な要因や性格傾向もある。神経症のおもな症状の例を表11-2にあげる。

② 神経症の治療

薬物を中心とした医学的治療の他に種々の心理療法が行なわれる。多くの場合、服薬しながら心理療法を受けることが多い。心理療法は、本書の臨床心理学を参考にしてほしい。

第11章 障害について

**表 11-2 神経症の例**

| |
|---|
| ・不安障害（強い恐怖・不安を感じ反応する） |
| パニック発作－動悸、心悸亢進、発汗、震え、窒息感、胸痛感、現実感消失、死に対する恐怖などが突然発現し10分以内に頂点に達する。 |
| 強迫性障害－強迫観念：わかっているけれどもいつまでもとらわれている観念。強迫行為：強迫観念に反応して駆り立てられるように行動する。例：手を洗う、順番にならべる、確認するなど。 |
| 外傷後ストレス障害（PTSD：Post traumatic Sfress Disorder）－死ぬような体験をしたり目撃して強い恐怖、無力感に陥り、そのような出来事を反復して思い出したり、夢に見て苦しむ。その出来事が再び起こっている（フラッシュバック）かのように感じる。 |
| ・身体表現性障害 |
| ヒステリー（転換型）－失立、失声、痙攣発作、知覚障害（見えない、聞こえないなど）。 |
| 心気症－身体症状に対する誤った解釈にもとづく、自分が重篤な病気にかかる恐怖、またはかかっているという観念にとらわれる。 |
| ・解離性障害 |
| 解離性健忘－重要な個人情報で通常外傷的またはストレスの強い性質を持つものの想起が不可能になる。 |
| 解離性同一性障害（多重人格）、離人症性障害（あたかも自分が外部の傍観者であるかのように感じる）。 |

参考文献

中央法規出版（2002） ICF 国際生活機能分類．
 WHO, International Classification of Functioning, Disability and Health, Geneva, 2001
厚生統計協会（1984） WHO 国際障害分類試案．
 WHO, International Classification of Impairments, Disabilities and Handicaps, Geneva, 1980
西村良二（2001）『よくわかる医療系の心理学1』 ナカニシヤ出版．
社会福祉士養成講座編集委員会（2005）『社会福祉士養成講座3 障害者福祉論』 中央法規．
高橋三郎・大野 裕・染谷俊幸訳（2002）『DSM-Ⅳ-TR 精神疾患の診断・統計マニュアル』 医学書院．
 Diagnostic and Statistical Manual of Mental Disorders-Ⅳ-Text Revision.
中根允史・岡崎裕士（1994）『ICD-10 精神・行動の障害マニュアル』 医学書院．
牛島定信（2003）『精神保健 最新介護福祉全書13』 メヂカルフレンド社．

# 臨床心理学

# 第12章 臨床心理学とは何か

　臨床心理学は、心理学の知識や技術を用いて問題行動、不適応状態、精神障害などを理解し、それらで悩んでいる人を援助する実践的な学問である。実際の相談では、一般的には次のような用語を使う。援助を求めて来所する人を来談者・クライエント（client）、援助者をセラピスト（therapist）、問題に対する対応を心理療法・サイコセラピー（psychotherapy）という。セラピーの初期にセラピストはクライエントを理解し、問題点を見つけ、治療の方針（みたて）を立てる。その際、心理テストが使われることもある。そこでこの過程を心理査定・サイコロジカルアセスメント（psychological assessment）と呼ぶ。セラピーとアセスメントは、はっきりと区別されず同時になされることも多い。つまり、アセスメントはセラピーの初期になされるとはかぎらず、また治療が進んでいくうちに変わっていく場合もある。セラピーもアセスメントもセラピストとクライエントとの信頼にもとづいた人間関係の中でなされ、臨床心理学の知見を用いて問題を解決していくものである。

## 12.1　臨床心理学の研究法

　臨床心理学は個人的、主観的な価値観に根ざし、経験を重視する。つまり事例を中心とした実践の学問である。これは非科学的で、経験を重視する前近代性を思わせるが、介入による実践や観察から得られたデータは、普遍化できる貴重な資料で、質的データとして重視される。最近は、セラピー過程や効果を自然科学モデルとは違った方法で説明しようと、新たな研究法に関心が高まっている。エスノグラフィー、グランデッドセオリー、ナラティブメソッドなどの研究手法である。人間の存在を重視し、生き方を模索する臨床心理学にあった方法であり、従来とは違った科学の方法といえる。

## 12.2　関連職業領域と地域における援助

　臨床心理学の仕事が実際に必要とされる領域としては、教育、福祉、医療、産業、司

法・矯正、開業などがある。具体的に述べるなら教育領域では、教育相談機関、大学に設置されている心理相談機関、福祉領域では、児童相談所、心身障害者福祉センター、女性相談センター、医療領域では病院、精神保健福祉センター、産業領域では各企業内の相談室、司法・矯正では、家庭裁判所、少年鑑別所、少年院、開業では個人開業相談室などがあげられる。どこの機関でも、業務を単独で行なうよりも他職種と連携を取りながら行なっている場合が多い。関連の職種としては、教員、ケースワーカー、保育士、指導員、医師、看護師、裁判官、調停委員などがあり、幅広い人々がクライエントに接している。

前述した通りクライエントの問題は、複雑で1つの機関で解決できない場合も多い。したがって個人の問題を心理学的にとらえるだけではなく、広く社会的な見地から考えることも重要ある。問題の内容、深さ、必要とされる支援などの状況から、地域における他機関の利用をも考えなければならない。専門機関ばかりではなく、家族の協力はもちろん、近隣の人々の存在が重要な解決要因になる場合もある。地域には、民生委員や各種の民間のボランティア組織なども存在する。つまりクライエントの問題解決には適切なアセスメントやセラピーが必要であるが、外的な専門機関の援助や非専門領域の人々の協力も必要であり、多面的にとらえた方がよい場合もある。

## 12.3 心理療法の歴史

心理療法は歴史も長く、太古の昔からあったといえる。呪術、祈祷、各種の宗教には、癒しの方法が述べられている。しかし、科学として成立したのは、ウイットマー（Witmer, L. 1867-1956）がペンシルヴァニア大学に心理クリニックを開設した1896年以降とされている。わずか、110数年前であるが、その後現在までに存在する心理療法の方法は、数百を越えると、いわれている。簡単にその歴史をたどってみよう。

19世紀末にフロイトは、精神分析の方法を世に現し、心理療法の有力な方法として数多くの治療を行なった。初期には、ヒステリー患者を対象として、無意識下の性的欲求を自由連想により意識化する方法で治療を進めていった。しかし、次第に患者が治療者に抱く感情を中心にした転移の分析が治療となり、人間関係の無意識的葛藤を意識化することが、精神分析的治療の中心的課題となった。

フロイトの後継者は、自我心理学、文化・社会的要因を重視する新・フロイト派、対象関係論学派などに分類され、新たな精神分析の視点を展開している。

第12章　臨床心理学とは何か

　一方、精神分析学派から離れて独自の治療法を展開したアドラーは、個人心理学を主張し、劣等感の役割とその補償である優越欲求を強調した。同様にフロイトから袂をわかったユングは、分析心理学を提唱し、個人的無意識とともに、より深層にある系統発生的な普遍的無意識を夢、神話、伝説により説明している。

　20世紀の初頭には、ワトソンなどにより行動理論が心理学の新たな方向として公にされた。彼は、心理学を科学として実証されるべきだと強く主張し、刺激と反応により人の行動を明らかにし、意識や心的働きを排除した。ここから、動物実験による学習理論が生まれ、心理技法としては、不適切な行動を消去し、適切な行動を形成する行動療法が生まれた。行動療法は神経症、自閉症、知的障害、拒食、過食、不登校など広範な心理的問題を適用範囲とし、さらに認知療法を取り入れ、認知行動療法へと発展してきている。

　20世紀中頃には、ロジャーズは非指示による来談者中心療法を提唱し、心理療法を心理学の専門分野として確立した。来談者の人間性を尊重し、受容することにより、来談者は自己治癒していくという主張は民主主義の主張と一致し、わが国において強い影響力を持ち普及した。

　精神分析、行動療法、来談者中心療法は心理療法の代表的な方法として、現在も主流として発展し続けている。

　近年になって、ゲシュタルト療法、箱庭療法、コラージュ療法、森田療法、催眠療法、自律訓練法、交流分析（臨床心理学第14章参照）、芸術療法（絵画療法、音楽療法）、ダンス療法、心理劇、内観法、動作法など多くの治療法が発展している。

　治療者は、実際の治療においては、自分の得意とする治療方法を持ちながら、クライエントに適した方法を用いることが多い。いわば、色々な治療法のいいとこ取りをして、クライエントへの適切な援助を行なっているのが実際である。アメリカの心理療法家の調査でも、折衷・統合派が50％以上と言われ、1つの治療法を取り続ける人はそれほど多くない。

## 12.4　心理療法の対象

　心理療法の対象をはっきりと決めることは難しい。正常と異常の判断や心の問題のとらえ方は、その時代の社会、文化、経済によっても影響を受ける。また同一人物でも状態により正常であったり、異常であったりして一概に判断できない場合もある。また心

理治療の対象となると、治療家の力量にも左右されるだろうし、クライエントの必要性によっても異なる。そこで、ここでは主として心理臨床家が相談業務の中で接する障害について述べる。実際の臨床では、障害の程度に応じて医療スタッフと連携を取りながら治療を行なうことが多い。

① 不適応状態

　心理的ショック、ストレス、不登校、ひきこもりなどで心理的苦痛を体験している場合など。

② 神経症

　PTSD、ヒステリー、強迫神経症、不安神経症など。

③ 精神病

　統合失調症、気分障害、脳の器質障害など。

④ 心身症

　精神的な原因で身体的な不調をきたしている場合など。

⑤ 薬物依存や心身症

　覚せい剤、アルコール依存やストレスなどの心因による身体的不調など。

⑥ 境界例

　神経症と精神病の症状の両方を示し、どちらか判断しがたい場合やアイデンティティの不安定など。

⑦ 非行、犯罪

⑧ 虐待・家庭内暴力

⑨ 生きる悩み


参考文献

原千恵子・奥村水沙子（2003）『実践から学ぶやさしい臨床心理学』　学苑社.

斎藤清二・岸本寛史（2003）『ナラティブ・ベイストメディスン』　金剛出版.

サトウタツヤ・高砂美樹（2003）『心理学史』　有斐閣アルマ.

下山晴彦（2004）『臨床心理学の新しいかたち』　誠信書房.

氏原寛・小川捷之他（1992）『心理臨床大辞典』　培風館.

# 第13章　心理アセスメント

## 13.1　アセスメントとは

### 13.1.1　アセスメントとは

　適切な援助を行なうためには、クライエントに対する客観的な理解が必要である。援助のためにクライエントを客観的に把握し、治療方針や方法を見出す過程をアセスメントという。セラピストは、面接（本人、家族、関係者など）や心理テストを行ない、また必要によっては、複数の専門家の意見を聞いたりして、理解を深める。最近、開業の心理職の人々が多くなってきたが、日常的に複数の専門家による検討の場ができたらよいと思う。

　心理テストは、標準化されたものであっても、教示の仕方や手順、面接者の態度、その場の雰囲気、セラピストの熟練度などによって結果はかなり違ってくる。テストの適用範囲、限界を知っておくことも重要なことである。テストは、いくつかを組み合わせて用いる方が、客観性が得られるが、クライエントに過大な負担を与えるものは避けた方がよい。アセスメントはテストの結果ばかりではなく、生育歴、面接、観察、関係者からの情報などによりなされるべきである。また、心理療法は人間関係の中でなされるものであるが、アセスメントを進めていく過程がすでに治療の過程にもなっていることを銘記したい。この点は、医学における診断過程と異なるところである。つまり、アセスメントは、クライエントとセラピストの人間関係の中で進められ、よい人間関係は、結果にも反映され治療効果にもつながるといえる。

　アセスメントの過程で、具体的な治療方針と方法が設定されるが、これは、固定的なものではなく、セラピーの過程でクライエントの状況に沿って変えられる。

### 13.1.2　テストへの期待－よいテストとは

　心理テストは、心理学の中で強く興味を持たれる領域の1つである。人は自分について、計り知れない関心を持っている。自分は何者か、人と比較してどうか、自分にはわかっていない潜在能力があるのではないかなど。それは、よりよく生きたいという向上

心や、他者への関心ともつながる好ましい傾向である。しかし、テストを用いる場合、留意すべきことがある。テストはそのような期待に応えられるかということ。完全に測れるテストなど存在しないことは当然だが、その上で信頼性と妥当性を問題にしなければならない。信頼性は条件が同一であれば、誰がいつ実施しても同じ結果が出る、つまり一貫性があるということ。妥当性は、測りたいものが測定できるということで、知能テストであれば、知能が測定できるということである。信頼性、妥当性の高いテストがよいテストであるが、テストの条件としては、その上、短時間にできること、多くの器具を必要としないこと、費用がかからないこと、クライエントに苦痛を感じさせないことなどがあげられる。

### 13.1.3 相談に用いるとき

面接や観察でも十分情報を得られるため、テストは必ず用いなければならないものではない。しかし、発達や病態水準を知る際にはテストが有効である。

描画、箱庭、コラージュなどは、あまり緊張感を伴わずに実施できるので、クライエントに負担を与えない。しかし大方のテストはクライエントに負担を与える。目的がありテストをすることが、クライエントにとって何らかの利益につながる場合に、もっとも適切なテストを用いることが大事である。またテストには特長があるから、できたら数種のテストを実施した方がよい。このことをテストバッテリーを組むという。

### 13.1.4 テスト実施時期

心理テストは、クライエントを客観的に理解し、治療の見通しを立てるために、面接の初期に実施することが多い。しかし、治療の効果を把握するために、治療の中ごろや終了時に行なわれることもある。テストは、実施状況によって得られる結果が大きく異なるので、クライエントとの安心できる、なごやかな関係のもとで実施するべきでセラピストは、そのような状況をつくる努力をしなければならない。

### 13.1.5 テスト結果について

テスト結果は、個人の情報にかかわることだから秘密保持が原則である。またクライエントにテストの限界を知らせ、結果がすべてでないことを伝えること、必要に応じて結果を伝え、そこから何が得られるかについてクライエントと話し合うことで、テストだけではわからない情報が得られ、関係を深めることができる。経験の深いセラピスト

なら、その話し合いからセラピーへとつなげることもできる。テスト結果を十分活用することが大事である。テストは完全ではないが、使い方によっては、大いに役に立つ。さまざまな心理テストについて以下に説明する。

## 13.2　心理テスト

### 13.2.1　知能検査

個別検査　①　ビネー式（田中ビネー知能検査Ⅴ、鈴木・ビネー知能検査）
　　　　　②　ウェクスラー式（WPPSI、WISC-Ⅲ、WAIS-R）
　　　　　③　HDS-R（長谷川式認知症スケール）
　　　　　④　コース立法体組み合わせテスト・大脇式知的障害者用知能検査
　　　　　⑤　DAM（グッドイナフ人物画知能検査）
集団検査　⑥　田中A-2式知能検査（言語）
　　　　　⑦　TK式田中B式知能検査（非言語）

#### 13.2.1.1　個別検査

① ビネー式

　1905年フランスのビネーが、知的障害児の検出のために医師シモン（Simon, T.）の協力を得て作成したものである。やさしい問題から難しい問題へと30問を並べ、歴年齢と関係なく精神年齢という概念をはじめて導入した。ビネー検査はアメリカにわたって改定され、1916年スタンフォード・ビネー知能検査として発表された。このとき、はじめて知能指数（IQ）が採用された。現在のような知能指数は、ターマン（Terman, L. 1877-1956）が採用した。日本では、1930年鈴木治太郎（1875-1966）により鈴木ビネー知能検査が作られ、1947年には田中寛一（1882-1962）による田中ビネー知能検査が発表された。鈴木ビネー式は2歳～成人まで測ることができ、知能を全体的にとらえることができ、比較的簡単に測定できる。田中ビネー式も2歳～成人まで測ることができ、発達や知能を全体的、診断的に測定できるので相談に役立つ。

② ウェクスラー式

　アメリカのウェクスラーは知能を「目的的に行動し、合理的に思考し、環境を効果的に処理する総合的、または全体的な能力」と定義し、それにもとづいて知能検査を作成した。言語性検査、動作性検査から構成され、それぞれに下位検査項目がある。その評

価点の違いにより知能を診断的に診ることができる。1939年に成人用知能検査（WAIS）、1949年には児童用知能検査（WISC）、1974年には幼児用知能検査（WPPSI）ができた。言語性と動作性の間でWIPPSIでは8点以上、WISC-Ⅲでは15点以上　WAISでは12〜15点以上の差がある場合、検討するべきとされている。下位検査間でも4点以上差がある場合、検討が必要である。

WPPSI（Wechsler Preschool and Primary Scale of Intelligence）　3歳10か月〜7歳1か月　幼児・児童

WISC-Ⅲ（Wechsler Intelligence Scale for Children Third Edition）　6歳〜16歳11か月　児童・生徒

WAIS-R（Wechsler Adult Intelligence Scale Revised）　16歳〜74歳　成人

知能検査において知能指数、知能偏差値は以下の公式で求められる。

知能指数＝精神年齢（MA）／生活年齢（CA）×100

知能偏差値＝（個人の得点－母集団の平均点）×10／母集団の得点の標準偏差＋50

③　**HDS-R（長谷川式認知症スケール）**（図13-1）

認知症の診断用のスケールである。10〜15分でできる。年齢、日時や場所の見当識、言葉の記銘、想起、簡単な数的問題など、認知症の人には困難な問題でできている。対象者に過度の負担を与えない。加齢や学歴の影響力を受けないテストとされている。

④　**コース立方体組み合わせテスト・大脇式知的障害者用知能検査**

アメリカのコース（Kohs, S. C.）が1920年に知能測定のために作ったテストである。2.5センチの立法体に、赤、白、青、黄、赤／白（対角線を境に反面ずつ）、青／黄（同左）の色が塗ってある。その立法体を使い指定された模様を作る。模様はカードで提示される。精神年齢はビネーテストと高い相関が見られた。単なる動作法のテストではなく、一般的な知能を測定でき、言語を使わないでできるテストとしての特色がある。大脇義一は聴覚障害者のためのテストとして標準化し、さらに知的障害者用の大脇式テストを作った。

⑤　**DAM（グッドイナフ人物画知能検査：Goodenough Draw A Man Test）**（図13-2）

精神年齢3歳〜9歳まで測定できる。グッドイナフ（Goodenough, F. L.）により作られた。現在用いられているのは、小林（1977）らによって標準化されたものである。採点対象は1.人物の部分、2.部分の比率、3.明細化などである。動作性の知能検査とは相関が高いが、年齢が高くなると表現の仕方など個性的になるので適用できない。言語能力の劣る知的障害者、聴覚障害者、自閉症児、最近は認知障害者にも用いられている。

第13章 心理アセスメント

| | 質　問　内　容 | |
|---|---|---|
| 1 | お歳はいくつですか？　　　　　　歳　（2年までの誤差は正解） | ＋　－ |
| 2 | 今日は何年の何月何日ですか？　何曜日ですか？<br>　　　　　　年　　　　月　　　　日　　　　曜日<br>（西暦でも正解）＋　－　＋　－　＋　－　＋　－ | |
| 3 | 私たちが今いるところはどこですか？　　　　　　　　＋　－<br>（正答がないとき約5秒後にヒントを与える）<br>家ですか？　病院ですか？　施設ですか？　　　　　＋　－ | |
| 4 | これから言う3つの言葉を言ってみてください．<br>あとでまた聞きますので，よく覚えておいてください．<br>（次の系列から選び，使わない系列を横線で消す）<br>　系列1：a) 桜　b) 猫　c) 電車　　a) ＋ － b) ＋ － c) ＋ －<br>　系列2：a) 梅　b) 犬　c) 自動車<br>正答できなかったとき，正しい答えを覚えさせる．（3回以上言っても覚えられない言葉は横線で消す） | |
| 5 | 100から7を順番に引いてください．<br>　　100－7は？（93）　＋　　それから7を引くと？（86）　＋<br>　　　　　　　　　　　　－　　　　　　　　　　　　　　　　－<br>　　　　　　　　　　　　（問6へ） | |
| 6 | 私がこれから言う数字を逆から言ってください．<br>　　6－8－2（2-8-6）　＋　　3－5－2－9（9-2-5-3）　＋<br>　　　　　　　　　　　　　－　　　　　　　　　　　　　　　－<br>　　　　　　　　　　　　　（問7へ） | |
| 7 | 先ほど覚えてもらった言葉をもう一度言ってください．<br>　　　　　　　　　　　　　　　　a) ＋ － b) ＋ － c) ＋ －<br>（正答がでなかった言葉にヒントを与える）（ヒント：植物）（ヒント：動物）（ヒント：乗り物）<br>　　　　　　　　　　　　　　　　＋　－　＋　－　＋　－ | |
| 8 | これから5つの品物を見せます．それを隠しますので何があったか言ってください．<br>（1つずつ名前を言いながら並べ覚えさせる，次に隠す）（5つの品名を記入し，答えられなかった品物にカッコをする）<br>（さじ，くし，サイコロ，はさみ，眼鏡など）　　正答数：0　1　2　3　4　5 | |
| 9 | 知っている野菜の名前をできるだけ多く言ってください．<br>（途中で詰まり，約10秒待ってもでないときは，打ち切る）（答えた品名を記入する）<br>　　　　　　　　　　　　　　　　　　　　　　　　　　　　　　　<br>　　　　　　　　　　　　　　　　　　　　　　　　　　　　　　　<br>（重複したものは除外）　正答数：～5　6　7　8　9　10 | |

**図 13-1　長谷川式認知症スケール（HDS-R）（三京房承認済）**

【テストの結果】
　得点（ 13 ）
　C A（7：0）
　M A（5：7）
　I Q（ 80 ）

**図 13-2　DAM（「心理テストカタログ」三京房承認済）**

### 13.2.1.2　集団検査

#### ⑥　田中A-2式知能検査（言語）

15歳〜18歳に適用される。言語性を中心とした集団テストである。数字群弁別、文章理解・構成、反対概念理解、思考推理、類推推理、空間認知など6種類から構成されている。

#### ⑦　TK式田中B式知能検査（非言語）

8歳〜成人までに適用される。非言語性テストである。抹消、置換、数字弁別、数字系列、立方体、迷路、分割図形の7種類で構成されている。実施が簡単なことから集団検査の多くはB式検査である。文化的影響の少ないテストである。

### 13.2.2　性格検査

投影法：①ロールシャッハ・テスト、②TAT（絵画統覚検査）、③PFスタディ（絵画欲求不満テスト）、④SCT（文章完成テスト）、⑤バウムテスト（樹木画）、⑥家族画テスト

質問紙法：①MMPI（ミネソタ多面人格検査目録）、②YG（矢田部・ギルフォード性格検査）テスト、③SDS（自己評価式抑うつ性尺度）、④日本版STAI（状態・特性不安検査）

#### 13.2.2.1　投影法

性格テストの1つの方法である。1.曖昧な刺激から、2.自由な反応を引き出し、3.内面を推測できるテストといえる。クライエントがあまり意識していない、欲求、感情、態度などを表現できるテストである。

#### ①　ロールシャッハ・テスト（Rorschach Psychodiagnostic Plates）

スイスのロールシャッハが作った投影法の人格テストである。白紙にインクのしみを落として紙を2つ折りにしてできたしみは、左右対称のいろいろな形になる。そのようにしてできた図形10枚をカードとして使う。白黒図版が5枚、カラー図版が5枚である。偶然にできた図形であるから、どのように見えてもかまわない。このような試みは、それ以前にもなされていたが、特にロールシャッハが作ったテストが、今日まで続いている。その理由について、片口（1987）は、次の3点を指摘している。1.）ロールシャッハが選んだインクブロットが図形として適切であったこと。2.）図形は想像を引き出しやすいが、想像力のテストとせず、形の判断を基本的に知覚の心的機能ととらえ、知覚と人格の関係を問題としたこと。3.）与えられる多様な反応を記号に置き換

え、数量的に把握できるようにしたこと。

　1921年に「精神診断学」として検査法が発表され、その後ロールシャッハ・テストはアメリカで発展した。わが国では、戦前から関心を持たれていたが1958年に片口を中心とした東京ロールシャッハ研究会により、「精神診断学」が邦訳され発展した。実施方法は次の通りである。

**1. 自由反応段階：**教示として「これからあなたに10枚のカードを見せます。これは、インクをたらして偶然にできあがったものですから、何に見えてもかまいません。何に見えるか、言ってください。ではこれから1枚ずつ渡しますから、なるべく両手に持って、自由に見てください」といってクライエントに図形を渡し、反応をできるだけ詳しく記録し、同時に反応時間を計る。

**2. 質問段階：**「答えてくれたものが、カードのどこに見えたか、なぜそう見えたか、答えてください」と言って1枚目から質問する。その後、反応を反応領域、決定因、反応内容の3つに分類し、スコアリングする。スコアリングには、片口式、大阪大学式、名古屋大学式、エクスナー式などがある。そしてその結果から、人格を解釈する。スコアリングも解釈も単純ではないので、経験者の指導を受けながら進めていくことが必要である。実施や分析に時間がかかり、解釈には豊富な知識や臨床体験も必要であるが、心理診断や心理治療に必要な情報量が多く、有効な投影法のテストといえる。

② **TAT**（絵画統覚検査：Thematic Apperception Test）

　TATは、クライエントに何枚かの絵を見せ、それに対して作られたストーリーからクライエントの性格特性を知ろうとする検査であり、ロールシャッハテストとともに代表的な投影法の検査である。1935年にマレーとモーガンによって「空想研究の方法」として発表されて以来、多くの研究がなされている。ハーバード版が有名であるが、ベラック版、早大版など、数種類が存在する。

　具体的な方法としては、クライエントに絵カードを見せ、過去、現在、未来を含めたストーリーを作ってもらうのである。TATの絵カードは31枚あり、その中からセラピストは絵カードを選択して使用する。マレーの方法では、絵カードは20枚使用されるが、現在ではセラピストがその目的に応じて絵カードを選択して使用する場合が多い。

　クライエントに絵カードを見せ、ストーリーを作ってもらったら、そのストーリーを分析していくのであるが、その分析方法も多様である。絵カードのどの領域に反応したかに、主眼をおき分析していく坪内（1992）の方法、各ストーリーの特徴を取り出し、共通項を探る安香・藤田ら（1997）の方法などがあるが、ここでは、古典的な分析方法

であるマレーの提示した欲求−圧力分析に近い戸川（1953）の方法を簡単に紹介する。

この分析方法では、各ストーリーについておもに次の5つの点を考えていく。1.）**欲求**：主人公の意志・行動・願望。2.）**圧力**：主人公が外界から受ける作用全般。災害や死などの環境圧力、死や挫折、疾患などの内的圧力もこれに含まれる。3.）**内的状態**：主人公の感情や態度。4.）**解決行動様式**：主人公が圧力と欲求の葛藤をどのように解決していくか。5.）**結末**：主人公が用いた解決行動様式の結果、物語はどのように終結したか。

欲求と圧力の種類については、表13-1に示した。

**表 13-1　戸川による欲求と圧力の因子**

**欲求**

外的事象への欲求：成就・獲得・確保・飲食・官能・理知・認知・構成・秩序・変化・遊び・興奮・無活動・挽回

対人欲求：親和・性・養育・救助・自己顕示・伝達・支配・拒否・攻撃

圧力排除の欲求：自主独立・防衛・非難回避・恐怖回避・屈辱回避・隠遁・敬服・服従

**圧力**

人的圧力：獲得・確保・親和・養育・性・救助・伝達・模範・認知・敬服・褒賞・支配・拒否・攻撃

環境圧力：災害・運命・不幸・欠乏

内的圧力：死・疾患・挫折・罪・身体不全・心的不全

**事例　ストーリーの例（第1カード）**

　この子は、この子のお父さんはすごく有名なバイオリニストで、a. この子にちっちゃい頃から、この子が今よりもちっちゃい頃から本人のためとしてバイオリンを教えていました。しかし、b. 今も友達が遊ぼうっていってきて、c. この子は友達と遊びたい気持ちのほうが大きくて、バイオリンの練習に魅力を感じなくなってきています。d. バイオリンの練習がいやだなぁって思っているところです。将来的には、e. この子はバイオリンの練習をきっぱりとやめてしまい、f. 自分の思うようなことをやっていくのだと思います（下線とアルファベットは筆者が加筆したものである）。

事例を検討してみたい。事例は第1カード（バイオリンを前にした少年がいるカード）に対し、実際に作られたストーリーである。分析してみると、aの部分で主人公（少年）が誰かから養われる養育の圧力、bでは主人公が他人から親しまれる親和の圧力、cでは主人公が友情を示すという親和欲求が示されている。また、dでは主人公の感情である厭気の内的状態、eでは圧力を退けて自分の欲求を保ち続ける能動的な解決行動様式、fでは自分の欲求を満たしたという欲求充足の解決行動様式が示されている。このように、各カードのストーリーについて分析を行ない、どんな共通したテーマが示されているかを検討していくのが戸川の方法である。共通したテーマは、クライエントの欲求や圧力、それらの対処法の投影と考えられるのである。

TATは分析の煩雑さなどにより、ロールシャッハテストに比べると利用頻度としては少ないかもしれない。しかし、物語を作るという取り掛かりやすい課題やカードの選択、使用枚数などを熟慮すれば、多くの情報をもたらしてくれるものである。

③ **PFスタデイ（絵画欲求不満テスト：Picture Frustration Study）**（図13-3）

児童用は4歳～14歳、成人用は15歳以上に適用できる。葛藤場面の絵に、吹き出しがあり、1人が何かを言っている。それに対してどのように答えるかを問うテストである。教示「左側の人物が右側の人物に何か言っています。そのとき右側の人物がどのようにいうか、最初に思いついたことばを書き入れてください。場面番号順にやってください。」

ローゼンツワイクの欲求不満に対する主観的反応の理論にもとづくテストである。攻撃性の3型、障害優位型、自我防衛型、要求固執型と、その攻撃がどこへ向いているかについて、他責的、自責的、無責的の3方向を考え、その9種の組み合わせによる評点因子で人格を考える。評価が難しいが、クライエントは抵抗なくできる。集団で可能な投影法の性格検査である。

図 13-3　PFスタディ（三京房承認済）

④　SCT（文章完成テスト：Sentence Completion Test）

　文章の出だしが書いてある。たとえば「子どもの頃、私は」とか「私はよく人から」など。クライエントがその後の文章を続けて書くことにより、性格傾向を知る。

　60の文章を書くようになっている。それらの文章はパーソナリティを決定する「社会」、「家庭」、「身体」、「知能」、「気質」、「力動」、「指向」の7つの分類にしたがった文章の出だしになっている。そこで、これにしたがってパーソナリティを把握していく。

　SCTはパーソナリティの全体を把握するのに便利なテストである。単独に用いるよりも、他のテストの補完として用いるとよい。

⑤　バウムテスト（樹木画）

　バウムテストは、コッホ（Koch, C. 1904-1958）が現在の方法にしたものであるが、はじめは、職業適性の検討、各種相談の補助として使われた。発達や治療の過程が、一目でわかりとても有効であった。

　日本においては、1960年代に精神科の病院で使いはじめられ、1970年にコッホの「バウム・テスト―樹木画による人格診断法―」が、林勝造らにより翻訳・出版された。それ以後、臨床現場でかなり広く使われている。ほとんどのクライエントが10分程度でやり終えるという手軽さが利点である。年齢を問わず使え、できあがったバウムを見ながらクライエントと話をすると、さらに情報が得られ、テストとしてだけでなく、治療方法としても用いることができる。標準的な規定は次の通りだが、クライエントによって用紙の大きさ、鉛筆の濃さなど変えて使っている。

**用具・用紙**：A4規格（210mm×297mm）、B2鉛筆、消しゴム

**教示**：「実のなる木を（1本）描いてください」

　結果の整理については、バウム・テスト診断用紙（国吉政一他、日本文化科学社）がある。バウムは描いた人の人格の投影と考えられる。解釈の際には、1.）全体的評価、2.）形式分析、3.）内容分析など視点を変えてみる。

1.）全体的評価では、全体的、直観的印象を重視するが、熟練したセラピストは、クライエントの現在の欲求、状況、問題、外部との関係、過去の問題など、かなり広範な情報を全体からとらえることができる。

2.）形式分析は、どのようにバウムを描いているかということである。画面における位置、大きさ、写実の程度、ストローク・ラインの性質、筆圧などから分析する。

3.）内容分析は、どんな種類のバウムか、強調、省略、歪曲の有無など内容を中心に分析する。

なお HTP テストは、バウムを含めて 家（H）、木（T）、人（P）を描くテストである。最近は P の部分を両性描く HTPP テストもよく使われる。

⑥ 家族画テスト

　家族画は、クライエントに緊張感を与えず、楽しみながら行なえる診断方法であり、描くこと自体で、治療効果が得られるので治療方法としても用いられる。家族画には、KFD（Kinetic Family Drawing）、FDT（Family Drawing Test）、DAF（Draw A Family）などがある。KFD は動的家族画で、自分を含めて家族で何かをしている絵を描くように指示する。FDT は、「あなたの家族を描いてください」という教示である。子どもは、単に「家族を描いてください」と言っても想像がつかないので、あなたの家族、と言った方が描きやすい。DAF は、「ある家族を描いてください」というものである。思春期の子どもや、青年期の人たちは、自分の家族について知られたくないと思っている者も多いので、「ある家族」とすると描きやすくなる。「ある家族」という曖昧さの中に自分の欲求、願望、感情などが自由に表現できる余地が生まれる。

**教示**：「ある家族を描いてください」

**材料**：B4画用紙とクレヨン

　分析としては、どんな家族を描くか、用紙のどの位置を使って描いているか、誰を最初に描いたか、描かれている情景、空白の顔、棒人間、後ろ向きの人物などに注目していく。

### 13.2.2.2 質問紙法

① **MMPI（ミネソタ多面人格検査目録：Minnesota Multiphasic Personality Inventory）**

　ミネソタ大学のハサウェイとマッキンリー（Hathaway, S. R.と McKinley, J. C.）によって1930年代後半から開発された質問紙検査である。項目数が550、臨床尺度が10尺度ある。適応状態、病態水準、適応の型を推測できる。問題数が多く、時間がかかるのでクライエントを選んで実施した方がよい。

② **YG（矢田部・ギルフォード性格検査）テスト**

　アメリカのギルフォード性格テストをモデルとして、矢田部達郎（1893‐1958）らが作った質問紙法の性格テストである。12の性格特性が測れる。抑うつ性、回帰性傾向、劣等感、神経質、客観性の欠如、協調性の欠如、愛想の悪さ、一般的活動性、のんきさ、思考的外向、支配性、社会的外向。この性格特性から安定型、安泰積極型、不安定型などパーソナリテイの型を出す。検査用紙は小学生用、中学生用、高校生用、大学・

一般の4種類がある。質問紙テストであるので評価が簡単で、臨床場面だけでなく一般的によく使われている。

③　SDS（自己評価式抑うつ性尺度：Self rating Depression Scale）

ツァン（Zung, W.）により1965年に作成された。20項目の質問に4段階で答える。うつの主感情2項目、1.）気が沈んで憂うつだ、2.）泣いたり、泣きたくなる、とうつ状態の生理的随伴症状、心理的随伴症状の項目からできている。簡単にできるのでセラピーの中で容易に使える。

④　日本版STAI（状態・特性不安検査：State Trait Anxiety Inventory）

スピールバーガー（Spielberger, C.）により1970年に作成された。不安を測定する際に多く使われるテストである。日本版使用手引きによると、このテストは数種のテスト項目を検討、修正して開発され、不安を状態と特性にわけて測定できるところに特徴がある。状態不安は、その時々に変化する不安であり、特性不安は、性格的に不安になりやすい傾向をさす。正常者では、年齢が高くなるほど状態・特性不安ともに、わずかずつであるが得点が低くなる（不安が低くなる）。高不安者の判定基準として男性状態不安42点以上、特性不安44点以上。女性状態不安42点以上、特性不安45点以上である。不安は、神経症や心身症の主症状の1つであるので、臨床的に用いられることが多く、治療効果の指標としてもよく使われる。状態・特性とも20項目である。

### 13.2.3　乳幼児発達検査

#### ①　遠城寺式乳幼児分析発達検査

乳幼児の発達を確認するためのテストである。テストを使う大きな目的に障害の早期発見がある。発達の初期に障害を発見することにより、早期の治療へつなげることができる。そのために観察を主とした、道具を使わずにできるテストは実際に役に立つ。遠城寺式乳幼児分析発達検査は0歳～4歳8か月までが適用年齢である。検査表にもとづいて簡単に実施できる。テスト時だけではわからないことが多いから、保護者からの日常の様子は詳しく聞くべきである。

#### ②　新版K式発達検査

京都児童院で開発されたテストである。乳幼児向けはゲゼルの発達診断やビューラーらの発達検査、学童期以降は、ビネー検査から問題が採用されている。基本的にビネー検査を乳幼児期までに拡張するための研究から生まれたものである。テストを用いる場合の注意だが、重度でないかぎり障害を乳幼児期に発見することは難しい。観察も1回

# 第13章　心理アセスメント

では信頼し難い。保護者の報告、一定期間の観察が必要である。簡単に結果を出し、保護者に伝えることで保護者を不安に陥らせることがないように十分な配慮が必要である。乳幼児の発達は未知なので、断定的なことが言えることはあまりない、ということを認識し、慎重な配慮が必要である。

### 13.2.4　職業適性・興味検査

① **GATB（厚生労働省一般職業適性検査：General Aptitude Test Battery）**

　中学生、高校生が職業を決定しようとするとき、仕事に必要な適性能を調べることができる。適性能を、知的能力、言語能力、数理能力、書記的知覚、空間判断力、形態知覚、運動供応、指先の器用さ、手腕の器用さから測定する。その能力と連動した職業領域がわかるようになっている。アメリカで開発されたものを日本で改定し1952年から実際に使われている。10年に１回改訂されているテストである。器用さは実際に器具を使用して測定する。

② **VPI（職業興味検査：Vocational Preference Inventory）**（図13-４）

　就職に際して、自分はどんな職業に向いているのだろうか、今の仕事は自分に合っているのだろうか、転職したいのだがどんな仕事がよいか決めきらないなど、職業や進路を決める際に情報を与えてくれるのが職業興味検査である。このテストは、アメリカのジョンズ・ホプキンス大学のホランド（Holland, J.）が、自己の職業選択に関する理論にもとづいて作ったもので、日本で使われているのは日本労働研究機構研究所が、1985年に学生向きに改定発表したものである。ホランドによれば職業選択は、個人の興味や、価値観、能力、知識、自己理解にもとづいてなされるもので、パーソナリテイと密接な関係にあり、パーソナリテイが表現されたものが職業であるとさえ、言えるという。彼は６つのパーソナリテイの尺度、すなわち職業の興味領域尺度を示した。現実尺度（R）、研究尺度（I）、社会尺度（S）、慣習尺度（C）、企業尺度（E）、芸術尺度（A）である。

　テストは160種の具体的職名を提示し、各々の興味や関心の有無を回答させることにより、６つの興味領域に関する関心の強さを測定する。

　また、このテストは、職業に関する心理的傾向尺度をも導き出せるようになっている。心理的傾向尺度というのは、その仕事を選ぶ心理的背景で、職業選択に対するより深い解釈ができるので職業相談などで臨床的に用いることが可能である。職業興味領域尺度はパーソナリテイタイプと見てもよい。

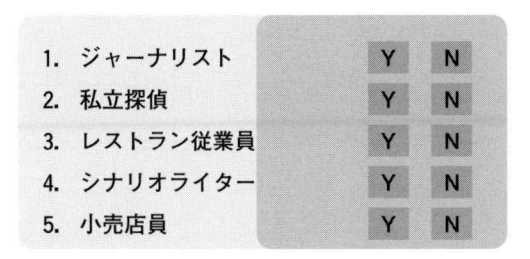

| 1. ジャーナリスト | Y N |
| 2. 私立探偵 | Y N |
| 3. レストラン従業員 | Y N |
| 4. シナリオライター | Y N |
| 5. 小売店員 | Y N |

図 13-4　VPI 職業興味検査（原著者 J. L. HOLLAND，日本版著者　雇用職業総合研究所）

参考文献

安香宏・藤田宗和（1997）『臨床事例から学ぶ TAT 解釈の実際』　新曜社．

石川元（1983）『家族絵画療法』　海鳴社．

林勝造、一谷彊（1979）『バウム・テストの臨床的研究』　日本文化科学社．

ホランド、渡辺三枝子訳（1990）『職業選択の理論』　（社）雇用問題研究会．

片口安史（1987）『改訂新・心理診断法』　金子書房．

Karen Bolander　高橋依子訳（1999）『Assessing Personality ThroughTree Drawing　樹木画によるパーソナリティの理解』　ナカニシヤ出版．

河合隼雄（1976）『臨床場面におけるロールシャッハ法』　岩崎学術出版社．

Koch,R. 他（1980）『バウム・テスト事例解釈法』　日本文化科学社．

Koch,C.　林勝造・国吉政一・一谷彊訳（1995）『The Tree Test　バウム・テスト─樹木画による人格診断法─』　日本文化科学社．

小林重雄（1977）『グッドイナフ人物知能検査ハンドブック』　三京房．

松原達哉（2002）『心理テスト法入門　基礎知識と技法習得のために』　日本文化科学社．

MMPI 新日本版研究科（1999）『新日本版 MMPI マニュアル』　三京房．

小川俊樹（1992）『ロールシャッハ・テストワークブック』　金剛出版．

臨床描画研究　Vol.1〜20　金剛出版．北大路書房．

高橋雅春・高橋依子（1991）『人物画テスト』　文教書院．

鈴木治太郎（1970）『実際的・個別的知能測定法（31年度改訂版）』　東洋図書．

戸川行男（1953）『TAT 日本語版絵画統覚検査解説』　金子書房．

坪内順子（1992）『TAT analysis』 垣内出版.

八木俊夫（1989）『YGテストの診断マニュアル』 日本心理技術研究所.

# 第14章　臨床心理の理論と技法

## 14.1　精神分析

　精神分析はフロイトが、人間の魂（ソウル）を理解すべく創始した理論・学説であり、それにもとづいた技法も含むものである。

　フロイトはユダヤ人であり、父は毛織職人（40歳で再々婚）で母（20歳）は初婚。父には先妻の息子が2人、孫も2人いた。フロイトは8人きょうだいの長男として生まれ、母の寵愛と期待を一身に集め、それは母が95歳で死ぬまで変わらなかったという。一方、当時のヨーロッパは反ユダヤ感情が蔓延しており、抑圧も強い社会だった。こうした複雑な家庭的・時代的背景の下で育ったフロイトは、大変複雑な性格の持ち主であり、それが精神分析を生み出す原動力ともなり、多くの弟子との離反を招いたとも言われている。

　フロイトの理論のすべてを取り上げることは不可能なので、本書では、14.1.1で無意識と心の構造論、14.1.2で幼児性欲論、14.1.3で防衛機制について取り上げる。

### 14.1.1　無意識と心の構造論　（図14-1）

　無意識が存在すること自体は、フロイト以前から知られていたが、ヒステリー患者の治療を通して学問的に取り上げたのはフロイトである。フロイトの理論は最初から体系化されていたわけではなく、仮説、実践、検証を繰り返しながら構成していったものだが、フロイトの「心」の仮説について、心の構造論を元に考えていこう。

　まず、無意識の領域とは自分で気づいていない心の領域で、人に知られたくない欲望、自分でも認めたくない願望、不快な出来事などが抑圧された結果と考えられている。不快な内容であるからこそ、それらを忘れ去るには特別なエネルギーが必要であり、言い間違い、書き違い、思い違いやしくじり、あるいは夢という形で表出される場合もある。フロイトは無意識の領域をエス（それ）と呼んだ。また普段は意識しないが、人に指摘されると気づく、浅い領域を前意識と名づけている。

　エスに対して「そんなことを考えてはいけない」、「そんなことを言ってはいけない」

第14章　臨床心理の理論と技法

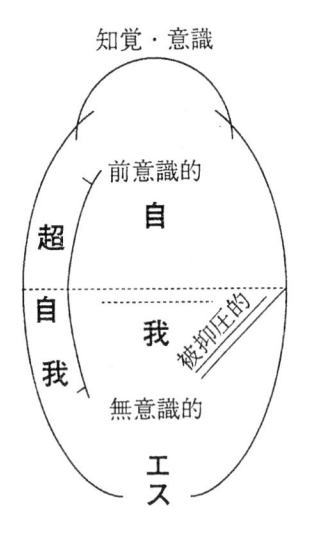

図14-1　心の構造論（前田重治（1985）『図説臨床精神分析学』誠信書房）

という心の働きもある。これはある程度無意識的、ある程度意識的働きであり、これを超自我（スーパーエゴ：上位の私）と呼ぶ。良心に近いということもできる。

　無意識と意識の両者の狭間で、適切な行動を選択しようとするのが自我（エゴ：私）である。人間の通常の行動は自我が主導権を握っており、超自我がそれに介入する。抑圧されている無意識は決してなくなることはなく、かつ性的な色彩を帯びているとされるが、性欲が人間の生存にかかわる欲求であるだけに、絶えず意識への再現を目指し行動に影響を与える。フロイトは、こうした性的葛藤の抑圧が神経症の原因であり、出来事とそれにまつわる感情を伴った想起と意識化が生じたときに症状が消失するとしており、感情を伴わない想起はほとんどが無効であることを主張している。しかし、その後、それだけでは症状は消失せず、他のアプローチが必要であることが明らかになっている。

### 14.1.2　幼児性欲論

　幼児性欲論は、発表当時ヨーロッパの多くの人々に忌避されたが、フロイトのいう性欲とは非常に広い意味を持ち、いわば身体的、生理的欲求全般を指している。その充足に伴う快感、興奮、陶酔などが発達したり、衰退しながら生涯にわたって持続し、自分自身はもとより他者との関係にも影響をおよぼすとされている。この意味での性的欲動のエネルギーを、フロイトはリビドーと呼んだ。

#### 14.1.2.1　発達的観点

　フロイトは性欲の発達を次のような段階にわけている。

① **口唇期**

　乳幼児の口唇や口腔の粘膜とその周辺は、出生直後から刺激に対して敏感である。口唇の感覚は乳を吸うという生命維持の必要性から発するが、満腹という満足感ばかりでなく、リズミカルな心地良い感覚も体験する。それは「自己愛的」でもあるが、次第に乳をくれる母親など、養育者に愛着する「対象愛」へとリビドーが広がっていく。

② 肛門期

およそ1歳半頃から次第に肛門周辺の感覚が発達し、排泄に伴う快感もはっきり体験されるようになる。この時期はトイレット・トレーニングの時期でもあり、幼児は排泄を拒んだり引き伸ばしたり（自体愛）、よい排泄によって養育者を喜ばせたり（対象愛）しながら自我機制を発展させていく。トイレット・トレーニングと性格形成と関係があるとも言われているが、これを否定する研究者も少なくない。

③ 男根期（エディプス期）

およそ3、4歳～5、6歳前後にかけて、幼児は男女ともに、性器を刺激することによる快感に気づくようになる。また男性と女性の身体の違いに気づいて、親に質問することはよく見られる現象である。フロイトは、いわゆる幼児手淫に対して親から禁止や叱責を受け「去勢コンプレックス」を抱くようになり、女児は自分にペニスがないことを劣等と感じる「ペニス羨望」も主張したが、これに対して異論も多い。この時期、男児が同性である父親を押しのけて、母親と愛し合いたいという願望を抱くとして、これをエディプス・コンプレックスと名づけた。しかしフロイト以降、すべての子どもがエディプス・コンプレックスを抱くとはかぎらないことが明らかとなり、母と自分、父、母、自分の二者関係、三者関係として考えられるようになり、対象関係論へと発展している。

④ 潜伏期から成人の性へ

幼児の性欲の発達はこの時期で一応終焉し、潜伏期（新しい欲動が発生せず、自我機能が発達する時期）を経て、思春期以降に成人としての性器的・精神的な愛情と結合していく段階に入る。

このように性的欲動を中心においた発達理論を通してフロイトが言わんとしていることは、身体感覚と心理状態は密接に結びついており、幼児の欲動表現に対して各段階の対人関係が形成され、神経症の治療にとって、幼児期体験が重要であるということなのである。

### 14.1.3 防衛機制（適応機制）

神経症の治療において無意識の意識化が重要な課題であることは前述したが、これに対して自我はさまざまな心の働きで抵抗する。これは自我が破綻しないための必要なメカニズムであり一般人にも見られるので、防衛機制とも適応機制ともいわれる。フロイ

トの初期の説では抑圧も、この機制の1つの型であるとしていたが、後に抑圧は防衛と同義語的に用いられるようになった。本書では、抑圧を代表的な防衛機制であると考えたい。

表 14-1　防衛機制

| 種　類 | 内　　　容 |
|---|---|
| 抑　圧 | 自我に脅威となるような事柄、つまりその心的内容が自分の道徳観や自我感情に合致しない欲望や観念などを、無意識の層に閉じ込め、その結果それを忘却すること。 |
| 合理化 | 自分には不可能な願望を「そんなものは価値がない」と結論づけ、自分を納得させる。狐が、手の届かないブドウを「あのブドウはすっぱい」といった話がイソップにあるが、合理化の例としてよく使われる。 |
| 同一視 | 他者と自分が同じであるかのように思い込む。映画やテレビのドラマを見た後に主人公と自分を重ね合わせ、力強さ、美しさが自分にも備わっている気分になる。親と自分を同一視することも、よくあることである。 |
| 反動形成 | 抑圧した傾向に対して反対の傾向を示すこと。憎しみを抱いている相手に親切にしたり、ほしくてたまらない物を「あげましょうか？」といわれると「いりません」と断ったりすることで、心にかなりの負荷がかかる。 |
| 投　影 | 自分の感情を他者が持っているかのように思い込む。自分が嫌いな相手がいると、自分が嫌いなのではなく、相手が自分を嫌っていると考えて「自分はそんな悪い人間ではない」と自分を守ろうとする。 |
| 否　認 | 非常に不快な体験をまったくなかったことにしてしまう。抑圧と似ているが、抑圧よりも単純で、幼児にも見られる未熟なメカニズムである。 |
| 昇　華 | 攻撃性など、社会的に認められがたい欲求（欲動）を社会的に承認された形で表出すること。例：スポーツ、学業、芸術活動、職業などに打ち込むことにより充足感を得る。 |

### 14.1.4　精神分析療法の実際

　精神分析療法の初期において、フロイトはブロイエル（Breuer, J.）の症例とその後の共同研究により、催眠によるカタルシス法で治療を行なっていた。しかしフロイトは催眠によって得られた成功はきわめて一時的であること、またクライエントがセラピストとの個人的な関係にあまりに頼りすぎていること、催眠に誘導できないクライエントも多かったことに気づいていった。そこでカタルシス法を捨て、自由連想法を創案した。フロイトはカタルシス法から自由連想法への移行を精神分析と名づけた。

　自由連想法はクライエントが「一切の意識的な思考を中止し、自然に頭に浮かんだ（意図しない）思い付きを追うのに専念させること」であり、つまらないことだ、不愉快だという意志や思考を働かせないで、そのまま言葉に出していくことを義務づける。

この方法ではクライエントを長椅子に横たわらせ、セラピストはその背後、あるいは斜め後ろの椅子に座り、クライエントが語ることに耳を傾けていく。そしてクライエントの自由連想の中に含まれている考え、空想、感情、不安についてセラピストが理解したことを言葉を通して解釈していく。ただし「解釈はクライエント自身が、これまで隠され抑圧されていた当の精神活動の洞察に到達する寸前までは、常にいかなる解釈の投与をも差し控えねばならぬものである」。また「セラピストは傾聴するだけであり、何かを覚えようとつとめるのではない」。とフロイトは述べている。この作業によりクライエントの心の奥深くへと近づくことが可能となるが、抑圧している無意識の意識化は容易なことではない。クライエントはそれに対して抵抗を試みる。抵抗についてもセラピストは解釈を行なうが、抵抗との闘いこそ治療の課題であり、自由連想と解釈とが精神分析療法の中核・独自性でもある。

このプロセスの中で幼児体験と空想を原型として、クライエント個人の特有の世界観がセラピストとの間に具体的に再現されてきて、「感情転移」と呼ばれる現象が生じてくる。転移にはセラピストに対する愛着、恋愛感情などの陽性転移と、嫌悪感、攻撃などの陰性転移の両者が見られる。これらは、クライエントの幼児期における親子関係の再現でもあり、転移をいかに処理するかが「転移解釈」であり、重要な役割を担っている。

幼児期体験を掘り起こし、無意識を意識化する作業は、膨大な時間と手間がかかる。治療セッションは一般に50分、週5日というのが標準である。また長椅子による治療形態は、クライエントの退行を促進し、ときに逸脱行動が生じることもあり得るので、現在では対面式の面接で、週1日か2日実施される精神分析的心理療法がもっとも普及している。

以上フロイトの精神分析は、重要な精神療法（心理療法）であるが、時代的制約のもとで展開されたものであるだけに、その後の研究・実践で修正、あるいはさらなる発展をとげたものも少なくない。それらのうちフロイトから離反・決別して一派を打ち立てたアドラー、ユング、ライヒ（Reich, W. 1897-1957）らがよく知られている。またフロイトの理論に新しい視点を与えたホルネイ、フロム（Fromn, E. 1900-1980）らの新精神分析派（ネオフロイディアン）、さらには精神分析へのアンチテーゼとしてのマスローによる第三の心理学、行動理論の発展など、人間理解を深め広めるきっかけを提起したフロイトの功績は大きなものがある。また精神分析は医療の領域のみならず、芸術、宗教、社会、文化にも大きな影響を与え続けており、フロイトが天才であることは疑いな

いものである。

参考文献

ブルーノ・ベテルハイム著・藤瀬恭子訳（1989）『フロイトと人間の魂』 法政大学出版会.

フロイト著　懸田克躬訳（1966）『精神分析学入門』 中央公論社.

宮城音弥著（1981）『精神分析入門』 岩波書店.

牛島定信著（1996）『精神分析学』 放送大学教育振興会.

## 14.2　分析心理学

　分析心理学は、ユングがフロイトの精神分析との決別を意味して用いた言葉である。無意識に関心を持っていたユングは、フロイトの「夢判断」を読み、フロイトの神経症治療に感銘を受けた。1907年、彼はウィーンでフロイトと会い、意気投合し13時間語り合ったという。しかし、1913年には決別している。無意識を重視する点では一致していた２人だが、その考え方に違いがあったためである。

　フロイトは、主として神経症者を対象にしていたが、ユングは正常から精神病までの広い範囲を対象とし、人格形成について、フロイトが小児性欲の重要性を強調し、成人期までを問題にしたのに対して、ユングは中年期以降、死までの発達を対象とした。もっとも大きな違いは、人の生きる根源であると想定されるエネルギーを、フロイトは性的なエネルギーに還元できるとして、リビドーと名づけたが、ユングは、生きる力を性的エネルギーも含めて心的エネルギーとし、このエネルギーは、人を自己実現へ向かわせることができると考えた。意識と無意識の関係について、フロイトは、無意識は意識をおびやかす抑圧された性と考え、神経症などの原因をそこにおいたが、ユングは無意識を、意識と相補的に働き、自己を完成へと向かわせるものと考え、独自の概念を展開した。

　ユングは、ブロイラー（Bleuler, E. 1857-1939）やジャネ（Janet, P. 1859-1947）らの指導を受け、精神科医として直接クライエントと触れ合い、その心を理解しようとして一生を過ごした。

### 14.2.1　言語連想検査

　ユングは、分裂病患者の研究をしながら、すでに知られていた言語連想検査の研究をした。この方法はごく簡単でクライエントに100個ほどの単語を示し、最初に浮かんだ言葉を答えてもらう。反応が遅れた単語については、どうしてすぐに答えられなかったかをクライエントに尋ねるものである。クライエントは遅れたことに気づいていなかった。ユングは、すぐ反応できないのはその単語に対する無意識の心の葛藤があるからと考え、これをコンプレックスと呼んだ。コンプレックスは「どちらかといえば苦痛の感情的色相を持っていて、通常は視野から遮られているような自体におかれている」と定義されている。このコンプレックスは、夢に現れ、統合失調症のクライエントには幻聴、幻覚が生じる原因となる。ユングは、意志と無関係に作用するこのコンプレックスが、病気を理解する鍵であると考えた。

### 14.2.2　無意識についてのユングの考え

　ユングは無意識について独自の考えを主張している（図14-2参照）。彼は無意識には2つの層があるという。個人的無意識と、それより深い層にある普遍的（集合的）無意識である。個人的無意識は各個人の無意識であり、日常生活には意識されずにいる個人的なものである。普遍的無意識は、ユングが独自に考える無意識で、個人的に獲得したものではなく、生まれたときから備わったもので年齢、性を問わず個人を超越し、人類共通に存在する無意識である。そのような普遍的無意識が存在することの説明として、統合失調症の患者に見られる妄想や幻覚が人類に共通であること、多くの人が体験する似たような夢が存在すること、各国に伝わる神話や伝説が類似していること、また統合失調症の患者の語る妄想と神話、伝説との類似性などをあげている。人類は普遍的無意識においてイメージを共有しており、ユングはそれを元型と呼んだ。元型とは、本能そのものの無意識的イメージであり、本能的行動のパターンである。ユングは元型として影、アニマ、アニムス、太母（グレートマザー）、自己などをあげている。

　影とは、陽の当たらない部分であり、自分の生きてこなかった無意識の一面をいう。つまり自分自身で認められず拒否しているが、自分の上に押し付けられてくるもののイメージで、たとえば日ごろ温厚な人が犯罪を犯し、驚かされることがある。このような場合、自分の生きてこなかった無意識を統合することができなかったためと考える。

　アニマは、男性の中にある女性像である。男性は、男として期待され、強くたくましく生きねばならない。そのために、男性の中にあるやさしさ、柔軟性などの女性的な面

は、無意識に抑圧される。しかし、男性の中でアニマが有効に働くと、より完全な人として生きられる。女性はその反対で、女性にも備わっている男性的な側面は、アニムスとして普遍的無意識の中にある。ユングは、男性の中に女性的な面が無意識としてあり、女性の中には、男性的なものがあるとした。つまり、人は両性具有的であると考えていた。

　太母は、無意識の中にある母である。それは実際の母を越えた母であり、すべてを呑み込み死へと追いやる否定的な一面と、温かく生を育む肯定的面とを併せ持つ。子どもにとってはその両面を持つ母は、やさしい存在であると同時に、怖い存在でもあるだろう。実際の母子関係の中で対立があるのは当然であろう。

　ユングがもっとも重視していた自己は、無意識内にあって意識と無意識を包括し、心の全体を統合している（図14-3参照）。

　そして意識と無意識は常に相補的に働き、安定した状態を保つが、人の心は安定した状態にいつまでもとどまらず、安定を崩す力が働き、より高次への統合を果たす。このように内面的に高次を目指して努力する過程をユングは個性化の過程と呼んだ。これは自己実現の過程であり、人生の最終目的であるとした。ユングはその他にもペルソナ、トリックスター、老賢者なども元型としてあげている。

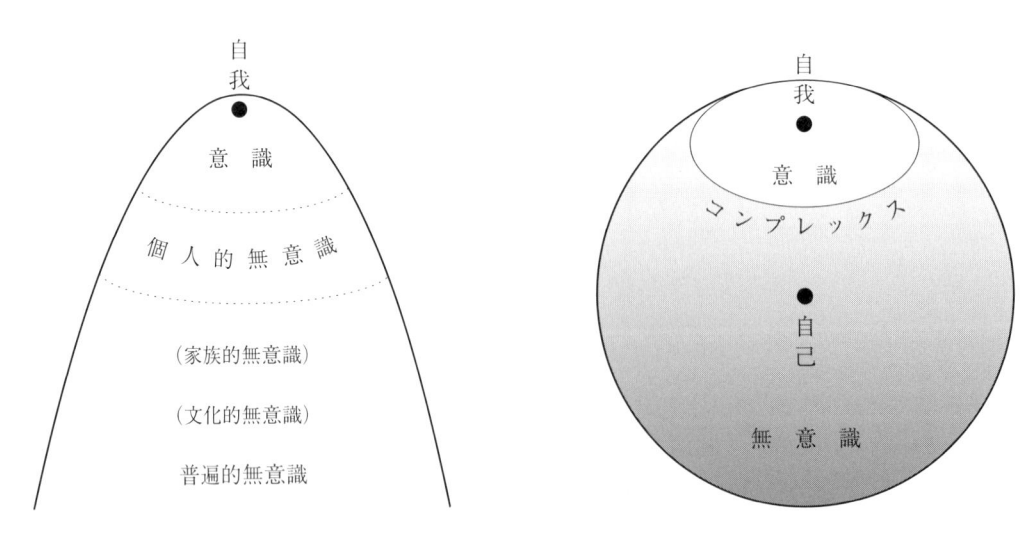

図 14-2　心の構造　　　　　　　　　　図 14-3　自我と自己
（河合隼雄（1977）「無意識の構造」中公新書）

## 14.2.3 夢

　無意識を心像化したものが夢であり、無意識は具体的には夢に現れる。そこで夢は分析心理学における重要な位置を占め、治療は夢分析により進む。無意識である夢は、意識に対して相補的な働きをする。現実生活に行き詰まり、困り果てているとき、夢がその解決の道筋を示してくれるという。意識と無意識の相互作用により人は健全に生きられる。

## 14.2.4 共時性

　ユングは共時性について述べている。共時性とは意味のある偶然の一致である。何年も会っていない人が夢に出てきて驚いていると、その人と昼間偶然に出会ったりすることがある。これは内的イメージと外的世界の一致であり、因果律では説明できない他の規律が働いたものと考え、人はその偶然についてある種の驚きと畏怖を感じる。ユングは共時性について、自分自身の体験を述べている。あるとき、患者とある虫（スカラベ）のことを話題にしていた、とちょうどその面接室の窓にぶつかった虫がある。窓をあけてつかまえてみると、それは話題にしていた虫とよく似たものであった。患者は、この偶然の一致に心を動かし、患者の合理主義的な態度がやわらぎ、治療が成功したという。共時性は、宇宙という大きな自然と人間という小宇宙との呼応、一致とも考えられる。単なる偶然とは考えられない意味を人に感じさせる。そして、このような現象を前にして、人は日常の外にある大きな力を感じ、心を動かされる。

## 14.2.5 ユングの性格類型

　よく知られているようにユングは性格の類型化を行なった。心的エネルギーの方向性を中心とした内向、外向型を考えた。ユングの類型論は身体的特徴や病気を考えていない。正常な心理の分類のみを対象としている（基礎心理学第8章参照）。

　ユングのこのような独自性の強い、広大な考えの背景には、生涯にわたっての知識の探求と、フロイトと決別したあとの深い内的体験などがある。ユングの著作を理解するには神話、宗教、文学、哲学、民俗学などの知識が必要とされ、しばしば難解だと評されている。

参考文献
秋山さと子（1976）『聖なる次元』 思索社.

E. A. Bennet.　鈴木晶・入江良平訳（1985）『ユングが本当に言ったこと』思索社.

Jung. C. G 著 Jaffe, A 編　河合隼雄・藤縄昭・出井淑子訳（1973）『ユング自伝：思い出・夢・思想2』みすず書房.

Jung. C. G 等著　河合隼雄監訳（1975）『人間と象徴：無意識の世界. 上下』河出書房新社.

Jung. C. G　野村美紀子訳（1985）『変容の象徴』筑摩書房.

河合隼雄（1977）『無意識の構造』中央公論社.

河合隼雄・鑪幹八郎（1988）『夢の臨床』金剛出版.

Stoor, A.　河合隼雄訳（1978）『ユング』岩波書店.

## 14.3　来談者中心療法

　アメリカの心理学者ロジャーズが提唱した治療法である。ロジャーズは自らの方法を非指示療法（non directive counceling）、来談者中心療法（client centered therapy）そして、のちにこれらを含め、対象者も一般にまで広げた PCA（Person Centerd Approach）と呼んだ。文字通りこの療法では、セラピストはクライエントに指示したりせず、クライエントが自ら成長するのを見守る、あるいは援助する姿勢をとる。

　来談者中心療法は、60年代をピークとして日本の心理学者に急速的に受け入れられた。その理由として、セラピーに対するニーズが高まっており比較的簡単に学習できたこと、民主主義的世界観によって立ち、個人の自己実現の方法を示したこと、あるがままを受容するというのは禅や森田療法などに通じ、日本人に受け入れやすかったなどがあげられている。

　ロジャーズは、「個人をあるがままで、また、将来なるであろうそのままで尊敬し、尊重すること。人間の成長や可能性－個人が何らかの促進的な心理的風土にさらされるときに明らかとなる－を信頼すること」を簡潔に自分の目標として示していた。

　実際のセラピーでは、クライエントの生い立ちや過去を問題にせず関心は常に、いま、ここで何を体験しているかに向けられる。セラピストは、クライエントに無条件の肯定的関心（unconditional positive regard：他の人と比較せずにその人を受け止める）を持ち、ひたすらクライエントの話を聴き（積極的傾聴法：active listening）、クライエントの言いたいこと、真意はどこにあるかを受け止める。セラピストの基本的姿勢は受容（acceptance）であり、クライエントの内面をあたかも自分がクライエントであるかのよう

に理解する（共感的理解：empathic understanding）。

　問題を率直に他者に話すこと自体が治療的効果をもたらすが、セラピストの応答により、クライエントは発言をさらに深め、問題に対する内的枠組み（internal frame of reference）を変えることができ、これまでと違った自己を発見する。そして、行動にも変化が起こる。そしてクライエントは、セラピストに深い信頼感を持ち、自信を取り戻す。多くの場合、自己知覚は否定から肯定へ変わる。簡単にいうと、自分自身に対して「見捨てたものでもない」という感じを持つ。問題に振り回され自分の力の弱さや能力のなさを感じているとき、人は自分自身を見かぎっているものである。「自分には何もできない、こんな自分を誰も相手にしてくれない」という感じである。しかし、受け入れられたとき、クライエントは、自己を再体制化し、セラピストの援助を受けながら自分自身で問題を整理し、解決する力を得る。

　セラピーにおいてクライエントは人間として成長するが、クライエントと、ともに歩んだセラピスト自身も自分が変化していることに気づく。クライエントの成長がセラピストの成長をも促すともいえる。たとえば、『ロジャーズ全集９：カウンセリングの技術』の中に次のような言葉がある。　Th「わたくしはいつも感ずるのですが、わたくしもなにかうるところがあるのです。とっても価値がありました。とっても」（終結時のセラピストの言葉）。このようなセラピー過程を経るために、セラピストはクライエントに対して、共感的理解、無条件の肯定的関心の他に、セラピスト自身が自己概念と経験が一致（congruence）していることの重要性をあげている。これは図14-4に示してある。図を説明すると、Ⅰは経験と自己構造が一致している部分。Ⅱは経験が歪曲されて自己構造と一致しない部分。Ⅲは自己構造と経験が矛盾対立するので意識されない経験の部分である。すなわちⅠがⅡ、Ⅲと重なっていること（第２図）が、自己構造と経験が一致していることを示している。さらに人としての純粋さ（genuiness）を持っていることが重要であるとロジャーズは述べている。

　ここでは、ロジャーズがカウンセリングの技術として述べていることについて説明したい。次の文章は、『ロジャーズ全集９：カウンセリングの技術』の中から選んだものである。
Th①あなたの心にかかっていることがどのようなことなのか、わたくしはできるだけはっきりさせたいのですが、もっと私にはなしてくださいませんかね。自分のしたいようなやり方で自分の問題を論議できるように。

第14章　臨床心理の理論と技法

自己構造　　経験　　　　　　　　　自己構造　　経験

全体的パーソナリティ　　　　　　　　全体的パーソナリティ
　　（第1図）　　　　　　　　　　　　　（第2図）

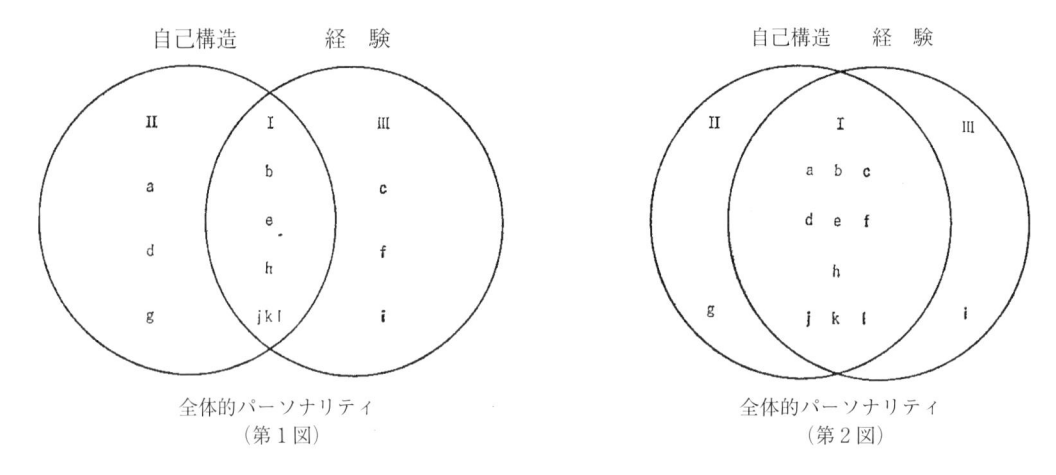

**図 14-4　全体的なパーソナリティ（ロジャーズ全集第8巻、第4章）**


Cl：ぼくはそれを閉塞状態とよびたいんでして、それがいくつかの分野にあらわれる。
Th②ウムウム。
Th③それは、以前よりももっとあなたを苦しめるようになっているのですか？
Cl：胸部にあるときはただ、なんかしら、ばくぜんとした冷たい鈍い感情みたいなんですけど……とっても耐えがたくなるときもあるんです。……どうにもこうにも生きていけないみたいに閉塞されちゃうんですよね。
Th④何かしら本当に痛いという感じだということ。
Cl：そのお、ぼくは自分が抑制されてるような気がする場合を概略はなしたわけですが、どうしたらもっと詳しく記述できるかわからないんですね。
Th⑤いえいえ、あなたはとてもはっきりその様子を述べられたと思いますね。
Cl：この症状をひとつアタックすることによって一切の症状の背後にある基本原理をアタックできるのかどうかって思ってたんですよ。
Th⑥症状のひとつの面をアタックしようとすることは、どこか別のところに症状を突発させるだけではないか、と思っておられたのですね。
Cl：両親は、「僕がお祈りをして神様に直してもらう」というようなことをすべきだって、僕に思ってもらいたいんですよ。
Th⑦ところがあなたは、自分自身で直すほうが何かしらもっと満足がいく、ということがわかっていたわけですね。

　①～⑦までのセラピストの言葉を『ロジャーズ全集16：カウンセリングの訓練』を参

考にしながら説明する。1〜4は、ロジャーズがカウンセリングの技術としてあげているものである。

1. 受容（acceptance）　単純な同意、理解や同意を示す。　②
2. 内容の再陳述（restatement）　クライエントによって表明されている考えの反復であって、その陳述を再編成しないもの。クライエントが言っている知的な面をより多く反射するような陳述。⑥
3. 感情の明確化（Clarification of feeing）　クライエントによって表明されている感情を再編成、もしくは総合、するようなカウンセラーの応答、クライエントの言い方をかえるだけのものは、必ずしも感情の明確化とはならない。④、⑦
4. 再保証（reassurance）　クライエントを激励するカウンセラーの陳述で、クライエントの自尊心や自信を高めようとするもの。　⑤

参考文献

Nye, R D.　河合伊六訳（1995）『臨床心理学の源流：フロイト・スキナー・ロジャーズ』　二瓶社．

小此木啓吾他編（1990）『臨床心理学大系　第7巻　心理療法1』　金子書房．

Rogers, C. R.　佐藤守夫編・友田不二男訳（1966）『ロジャーズ全集．第2カウンセリング』　岩崎学術出版社．

Rogers, C. R.　伊藤博他編訳（1966）『ロジャーズ全集．第4サイコセラピィの過程』　岩崎学術出版社．

Rogers, C. R.　伊藤博編訳（1967）『ロジャーズ全集．第8パースナリティ理論』　岩崎学術出版社．

Rogers, C. R.　友田不二男編児玉享子訳（1967）『ロジャーズ全集．第9カウンセリングの技術』　岩崎学術出版社．

Rogers, C. R.　友田不二男編訳（1968）『ロジャーズ全集．第16カウンセリングの訓練』　岩崎学術出版社．

## 14.4　行動療法

### 14.4.1　行動理論の定義（行動療法の基本原理）

パブロフの条件づけ理論に端を発し、アメリカの行動主義の考え方を背景に発展して

きた人間観、行動に関する理論。具体的には、人格形成、行動におよぼす学習の影響を重視する各種の学習理論（基礎心理学第6章参照）の総称を指し、人間の生き様を環境とのかかわりによって説明、予測し、法則性を見つけようとする理論である。

客観的に観察可能な行動のみを心理学の研究対象とすべきというワトソンの行動主義心理学の提唱は、心理学の研究に多大な影響をおよぼし、人間の行動に焦点を当てた研究が盛んに行なわれ、さまざまな学習理論が提唱され発展した。

また、行動理論にもとづく心理療法を行動療法という。

### 14.4.2　行動理論から見た人間理解の仕方

① 行動を「内外の刺激に対する生活体の反応のうち、直接観察可能なもの」と位置づけ、身体的行動（狭義の「行動」）、言語、思考、記憶、情動（感情）を含めて考える。したがって、行動理論でいう行動は日常語の行動よりも幅広い意味を含んでいる。

② 遺伝の影響は否定しないが、人間の行動の大部分は生後のさまざまな経験の結果として生じるもので、古典的条件づけ、道具的条件づけ、観察学習、運動学習などの学習によって獲得される。

③ 行動を、レスポンデント行動（刺激によって誘発される反応、例：恐怖、不安、喜び）とオペラント行動（人が自発的に起こす反応、例：接近する、避ける）に大別する。前者はおもに古典的条件づけ、後者はおもに道具的条件づけにより形成される。また、実際の行動には両方の条件づけが関与していることが多く、具体的には行動の形成過程には古典的条件づけ、維持過程には道具的条件づけが絡んでいる場合が多い。たとえば、対人恐怖は人から繰り返し非難され、不快な体験をしたことで「人＝不安、恐怖」という結びつきを学習し、発症する（古典的条件づけ）。そして一度恐怖が形成されるとその恐怖を回避するようになり、その結果、恐怖に直面しないですむという、本人にとって望ましい結果が得られて、「回避」という行動がさらに強化されることになる（道具的条件づけ）。

④ 人間の行動は、「生活体」と「環境（他者の行動も含む）」の相互作用の結果により生じる。したがって行動理論では環境の刺激の影響を重視し、環境を操作することで行動も変容すると考える。

⑤ 「人格＝学習されたさまざまな習慣の集合体」と考える。行動主義の提唱者であるワトソンは「私に健康でいい身体をした赤ん坊1ダースと彼らを育てるための私自身の特殊な世界を与えたまえ。そうすれば、私はでたらめにそのうちの1人をとり、その子

を訓練して、私が選んだある専門家－医者、法律家、芸術家、大実業家、乞食、泥棒さえ－に、その子の祖先の才能、嗜好、傾向、能力、職業がどうであろうと、きっとしてみせよう」とまで言っている。

### 14.4.3　行動理論に基づく心理療法（行動療法）

#### 14.4.3.1　行動療法の定義

実験的に明らかにされている学習理論、行動理論（例：古典的条件づけ、道具的条件づけ）にもとづいて問題の改善や治療を図る心理療法、治療技法の体系。「行動療法」という言葉はスキナーが1953年に用いた。

#### 14.4.3.2　行動療法の発展

行動療法の歴史は、1920年代から1930年代に発表されたパブロフの古典的条件づけや、ワトソンのアルバート坊やの研究にまで遡る。パブロフは犬を被験体にして、ほとんど違いを見つけることができない2つの刺激を識別（弁別）する訓練を行なったが、識別が困難なため犬が異常な興奮状態に陥り、訓練の成績が落ちるばかりでなく、吠えたりかみついたりといった、落ち着きのない異常な状態に陥るといった現象に遭遇した。パブロフはこの犬の様子が神経症の症状に似ていることからこの状態を実験神経症と名付けた。

一方、ワトソンは11か月の乳児「アルバート」に対して、古典的条件づけを用いて白ネズミに対する恐怖反応を生起させるという実験を行なった。アルバートは元々白いネズミは嫌いでなかったが、怖い音と繰り返し対提示されるという古典的条件づけの手続きによって、白いネズミに対して恐怖感（情動）を抱くようになってしまった。

これらの研究から神経症や情動は学習によって形成されることが明らかになり、学習の視点から問題行動、不適応をとらえようとする動きが生じてきた。「神経症的な行動が学習されるものならば、その学習と同じ原理を用いればその問題行動、不適応を解除できる」と考えられるようになり、学習理論、特に古典的条件づけの理論を治療や行動の変容に応用しようという試みが多くなされるようになった。1950年代後半よりさらに活発に研究され行動療法として普及していった。1960年代に入り、オペラント条件づけの原理を用いた治療技法も開発され、さらに臨床場面で行動療法が用いられるようになった。さらに、1970年代以降社会的学習理論の原理を応用したモデリング療法が開発さ

れ、その技法も多様化して発展している。

### 14.4.3.3　行動療法の特徴

①　不適応や症状のとらえ方が特徴的である。精神分析のように無意識を仮定せず、現存する症状に治療の焦点を当てる。「問題行動症状＝誤った学習の結果、もしくは必要な学習の未達成」と考える。したがって、すでに学習され、維持されている症状や問題行動を消去する、もしくは望ましい適応行動を新しく習得させることが行動療法における治療の目標となる。

②　厳密なアセスメントを行なう。治療開始前に不適応行動、症状の頻度や強度、生起するときの状況（どのような状況で発生し、どのような状況で発生しないか）などを綿密に測定し、標的行動を明確にする。その上で、不適応行動、症状がどのようなメカニズムによって強化、形成、保持されているかを分析する（行動分析）。行動分析では「刺激（直前）－反応－結果（直後）」からなる3項随伴性という枠組みで行動を理解する。

例）授業中立ち歩く子ども

　　普段注目されない　→　立ち歩く　→　注目される　→　より立ち歩く
　　　（直前）　　　　　　（反応）　　　（結果）　　　　（強化）

③　行動理論自体がさまざまな理論の集合体であるので、多様な技法から構成されている。技法が多くあるためにクライエントに合わせた治療が可能になるので、行動療法は多様な対象に適用することができる。また、治療を開始するときもそのクライエントの問題の中でも働きかけやすいところから介入できる。したがって治療開始当初に、ささやかでも好ましい変化が生じることが多く、その後の介入が行ないやすくなり、結果として短期間で治療を終結することができる場合が多い。

### 14.4.3.4　行動療法の代表的な技法

① **古典的条件づけの原理を利用した技法**

・系統的脱感作法：特に不安、恐怖症の治療としてウォルピ（Wolpe, J. 1915-1998）によって開発された技法である。人間はある特定の刺激・場面に対して不安・恐怖を感じた状態でリラックスすることはできない。したがって、不安・恐怖に直面したとき、もしくはイメージしたときに、リラックスする練習を繰り返すと、リラックスと相容れない不安・恐怖は次第に軽減していくことになる（逆制止の原理）。系統的脱感作法はこの逆

制止の原理にもとづいている。

　まずクライエントに漸進的筋弛緩法（身体の各部位を1つずつ弛緩する練習を通して最終的には全身のリラックスを体得する方法）や自律訓練法などのリラクセーションを習得させる。同時にクライエントの不安・恐怖について詳細に聞き取り、不安・恐怖の低い場面から高い場面まで序列を作り一覧表にする（不安階層表）。リラクセーション習得後、逆制止の練習に入る。不安階層表の中の一番低い場面に直面またはイメージさせ、不安・恐怖が生じてきたら、ただちにリラクセーションを行なう。その場面に対して不安・恐怖を感じなくなったら2番目に低い項目の練習に移行し同様の練習を行なう。そのようにして徐々により不安な場面に慣れていき、最終的には不安・恐怖のもっとも高い場面を克服できるようにする。この技法は恐怖症、テスト不安、吃り、不適応行動などに広く適用されている。

・エクスポージャー：クライエントが逃避・回避できない状況の中で、イメージ（もしくは現実場面）でその不安・恐怖に曝して、対決させる。最初は強い恐怖・不安を示すが徐々に慣れてその反応が減少していく。この方法は古典的条件づけの「消去」の原理にもとづいている。不安・恐怖だけでなく、強迫性障害などの治療にも用いられる。

② **道具的条件づけの原理を利用した技法**

　この技法は多くの場合に応用できる便利な技法であり、特に児童・生徒の問題行動の対処に役立つ。

・除外学習：不適応行動、症状を強化している物や働きかけ（強化子）を取り除くことで、その行動・症状の軽減、除去を図る。

例）授業中立ち歩く子ども
　普段注目されない→立ち歩く→先生が注目してくれる→より立ち歩く（強化）

　この場合、先生の働きかけが不適応行動を強化しているので、先生は立ち歩くことに対して必要以上の注意を与えないことで、立ち歩くという行動は減少することになる。

・積極的強化法：望ましい行動が生起したときに強化子（褒め言葉、食物、身体的接触、おもちゃなど）を与えることでその行動をより増やそうとする。

例）立ち歩かないで授業を受けている→褒める、注目する→より立ち歩かないで授業を受ける（強化）

特にシール、カードなど、一定数たまれば何かと交換できる代用貨幣（トークン）を用いる場合は「トークンエコノミー」という。

なお、除外学習と積極的強化は対にして用いることが望ましい。つまり、問題や症状を取り除くことばかりに注目するのではなく、望ましい行動を、いかに増やすかについても考慮して進める必要があるということである。

・シェイピング：ある行動を新しく形成させようとする場合、その行動をいきなり練習させるのは無理があるので、目標を細かく設定して一つひとつ徐々に習得させて最終的に目標とする行動を習得できるようにする。

例）授業中に先生の話をノートに書く
　ノートと鉛筆を机に出す→ノートを広げる→鉛筆を持つ→鉛筆を持って話を聞く→話を聞いて書く（目標行動）

### ③　社会的学習の原理を利用した技法

・モデリング療法：他者の行動やその結果を観察することを通して、クライエントの不適応行動・症状を除去し、同時に望ましい行動を習得させようとする。恐怖症、強迫性障害、社会的スキル（人とうまくコミュニケーションをとる）の訓練などに用いられる。

参考文献
久野能弘（1993）『行動療法』　ミネルヴァ書房．
小野浩一（2005）『行動の基礎－豊かな人間理解のために－』　培風館．
内山喜久雄（1988）『行動療法』　日本文化科学社．

## 14.5 認知行動療法

### 14.5.1 定義
　行動・情動の問題だけでなく、考え方・価値観・イメージといった認知の問題も治療の対象として、多様な技法を効果的に組み合わせることで改善を図る治療アプローチ。1970年代後半より生じてきた行動療法の発展形である。

### 14.5.2 認知行動療法の発展
　1970年代後半より、「行動が変化、生起する過程ではその個人の持つ期待、信念、判断といった認知の影響が大きい」という発想が、新たに生じてきた。具体的には、「自分が行動を上手く行なうことができるという自信（セルフエフィカシー：self efficacy）が、その個人の行動を予測する」と主張したバンデューラ、「ストレッサーに対する評価が、ストレス反応に影響する」としたラザルス（Lazarus, A. A. 1922-）の説をあげることができる。また、同時期に個人の考え方や信念を治療のきっかけ、もしくは目標とするエリス（Ellis, A. 1913-）の論理療法、ベック（Beck, A. T. 1921-）の認知療法が誕生したこともあり、行動療法は認知をも治療対象とする認知行動療法へ発展することとなった。

### 14.5.3 認知行動療法の特徴
　認知行動療法は行動療法の特徴の他に、以下の特徴もあげることができる。
① クライエント本人（セルフ）の役割を重視し、自分の問題を自分で解決するセルフコントロールを目指す。したがって、セルフ・モニタリング（自己の活動・生活を観察、記録する）、自己教示（取るべき行動を自分に言い聞かせる）などクライエント自身が積極的に治療に関与するような技法を多用する。
② 認知行動療法は、これまでもあった行動的技法（系統的脱感作法、エクスポージャー：Exposure、セルフ・モニタリング：Self monitoring、リラクセーション法など）と、1970年代以降新しく提起されてきた認知的技法（認知的再体制化、気晴らし法、原因帰属の型の修正、セルフエフィカシーの向上など）からなり、行動療法と比較して技法がより多様化した。1980年代以降、特定の問題や症状に合わせてこれらの治療技法を有効に組み合わせる「治療パッケージ」が開発され、臨床現場で用いられるようになっていった。論理療法、認知療法も治療パッケージの一種である。

③ 1970年代まで行動療法はおもに神経症の治療に用いられてきたが、さまざまな治療パッケージが開発されるに伴って、うつ病、統合失調症、慢性疼痛、摂食障害、生活習慣病、人格障害など多くの対象に適用されるようになり、一定の効果を挙げている。

### 14.5.4 認知行動療法の代表的な治療パッケージ

#### 14.5.4.1 論理療法

合理情動療法、理性感情行動療法とも呼ばれている。エリスが1955年に創始した心理療法。クライエントの認知（信念：ビリーフ、例：物事は完璧にこなさなければいけない）を変える介入を通して感情、行動を変えていくことを治療目標とする。論理療法ではクライエントの問題を、ABCモデルを用いてとらえる。A（Activating event：その人にとっての大きな出来事や経験）があったとき、AがC（Consequence：Aによって生じる感情、行動）を決定するのではなく、B（Belief：信念。Aについての認知的変数。その人が今強く思いこんでいる信念体系）によって左右されると考える。具体的には、「～でなければならない」、「当然～であるはずである」といった不合理で事実にもとづかない、柔軟性がない信念（イラショナル・ビリーフ：Irrational belief）をその人が抱いている場合には、不適切な否定的感情、行動（例：不安、怒り、抑うつ、絶望）が生じるとする。その一方で、「～であるにこしたことはない」、「できるなら～であって欲しい」といった合理的で事実にもとづいた柔軟な信念（ラショナル・ビリーフ：Rational belief）を抱いている場合は適切な感情、行動が生じる。したがって、イラショナルビリーフをラショナル・ビリーフに変化させることによって感情、行動の変容が可能になると考え、ビリーフを治療目標におく。ビリーフは生まれてからのさまざまな経験の結果形成されたもので、変容可能である。

具体的な技法としては、論駁（イラショナル・ビリーフの理論的な根拠—例：なぜ完璧にこなさないといけないのか—を追求し、クライエントと討論する）、言葉使い修正法（クライエントの「～ねばならない」という言葉遣いを、「～に越したことはない」という表現に置き換えさせる）、ABC記録シート（出来事、信念、結果をクライエントが実際に自分で日記のように記録することで振り返る）、行動課題（ビリーフが正しい、もしくは間違いであることを実際に行動を起こしてみることで確かめる）をあげることができる。これらを組み合わせて、徐々にクライエントのイラショナルビリーフをラショナルビリーフに変えていく。

「認知を変化させることで行動の変容を図る」という発想は認知行動療法の発展に大きく影響した。

### 14.5.4.2 認知療法

ベックが1970年代より創始、体系化した、一連の治療法、心理療法。認知を変えることによって障害、症状を修正しようとする方法。当初はうつ病の治療を目的として開発された。

精神分析に取り組んでいた当時のベックは、うつ病患者とそうでない患者の自由連想法の記録を比較してみたときに、うつ病に特有な以下の6つの歪んだ思考パターン、独特の情報処理の仕方（推論の誤り）が存在することを発見した。

① **選択的な抽出**
特定の情報のみを取り出して、状況全体をとらえない。

② **恣意的推論**
矛盾する証拠があっても無視してある特定の結論に飛躍する。

③ **過度の一般化**
わずかな経験から、いつもすべてがそうであると決めつける。

④ **拡大解釈と過小評価**
失敗を拡大解釈し、成功を過小評価する。

⑤ **自己関連づけ**
わずかな情報から、その出来事が自分に関係があると思いこむ。

⑥ **絶対的二分法思考**
物事を全か無かで判断する。中間を切り捨てる。

このことからベックは、このような思考の歪みがうつ病の原因と考え、エリスのABCモデルを参考にしてうつ病の認知モデルを提唱した。そして、うつ病患者の歪んだ認知を修正することで、うつ病が改善されることを発見した。

ベックの認知モデルでは認知をスキーマ、自動思考より構成されていると考える（図14-5参照）。スキーマ（例：人は信用できない、自分は駄目な人間だ）は心の深層にある、自己・他者・世界に対する一貫した信念・態度を指し、幼少の頃のネガティブな経験によって作られる。自動思考（例：やはりこの人は信用できない）は、出来事があったときにひとりでに瞬間的に浮かんでくる否定的認知を指し、直接に抑うつ感情を起こす。このモデルではスキーマが推論の誤りの影響を受けて自動思考を発生させ、うつ症

第14章　臨床心理の理論と技法

状を引き起こすと考える。

　認知療法ではまず問題を明確にし、どのような自動思考を自分が抱いているのかをチェックするところからはじめる。具体的には否定的な感情を抱いた場面を振り返り、「そのとき自分の頭の中に何が浮かんでいるのか」を繰り返し探り、浮かんだ自動思考を実際に書き出してみる（非機能的思考記録）。自動思考を把握することに慣れてきたら、次第に背景に存在するスキーマが明らかになってくるので、次はスキーマの修正に取りかかる。スキーマに反する行動や態度を繰り返し探し書き出すこと、スキーマに反する行動を試してみて現実にはスキーマ通りにはならないことを確認することなど、根気強くクライエントとセラピストが協力して進めていく（共同経験主義：治療を共同作業と考える）ことで次第にスキーマが修正され、うつ症状が軽減していく。また、自分の行動、気分の変化などを詳細に記録する（セルフ・モニタリング）ことで、少しでも気分がよくなるような生活を送る（活動スケジューリング）といった行動的技法も積極的に用いる。特に、自動思考の把握もできないくらい、うつ症状が重篤なときはまず行動的技法を用いることが必要となる。

　うつ病の治療法として開発された認知療法は、今日では強迫性障害、全般性不安障害、摂食障害、人格障害などにも適用され、一定の成果を挙げている。

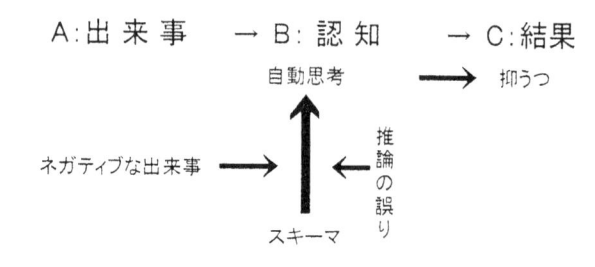

図 14-5　ベックの認知モデル
（Beck, J. S.（2004）『認知療法実践ガイド・起訴から応用まで』　星和書店）

参考文献

Andrews, G 他著　古川壽亮監訳（2003）『不安障害の認知行動療法１』　星和書店．
Andrews, G 他著　古川壽亮監訳（2003）『不安障害の認知行動療法２』　星和書店．
Andrews, G 他著　古川壽亮監訳（2005）『不安障害の認知行動療法３』　星和書店．
Beck, J. S 著　伊藤絵美・神村栄一・藤沢大介訳（2004）『認知療法実践ガイド・基礎から応用まで：ジュディス・ベックの認知療法テキスト』　星和書店．

井上和臣（2003）『認知療法ケースブックこころの臨床 a·la·carte 増刊号（2）』星和書店.

坂野雄二（2005）『こころの科学121　認知行動療法』日本評論社.

坂野雄二（1995）『認知行動療法』日本評論社.

Walen, S. R.　菅沼憲治監訳・日本論理療法学会訳（2004）『論理療法トレーニング：論理療法士になるために』日本論理療法学会編.

## 14.6　ゲシュタルト療法

　ゲシュタルト療法は、フレデリック・パールズ（Perls, S. F 1893-1970）が創始した、非分析的で実存的現象学の立場に立つ心理療法である。

　パールズは精神科医で、21年間精神分析による治療を行なっていたが、次第に実存哲学、実存主義心理学をはじめ、多くの心理学、医学の研究に関心を持ち、それらと自己の治療体験を統合し、さらにゲシュタルト理論を基盤として、1952年にニューヨークにゲシュタルト研究所を設立した。日本に導入された時期は定かではないが、1970年に東京で開かれた国際心理学会において、ゲシュタルト療法の紹介とデモンストレーションがあったということなのでその時期以降と考えていいだろう。

　ゲシュタルト療法に入る前に、ゲシュタルト理論について簡単に触れておきたい。

　ゲシュタルト理論は、20世紀初頭に、それ以前の要素主義の心理学を排し、「全体は、部分の総和以上のものである」という考え方のもとに、人間を分割できない全体としてとらえ、統合された存在としての人間理解を唱えたものである。

　ゲシュタルト理論では、全体（外界、環境、他者、自己など）は全体として知覚、ないしは認識されながら、その中のあるものは「図」として浮かび上がり、その他のものは、「地」として、背景に後退することを指摘している。

　よく知られている「ルビンの盃」は、図と地の反転図形であるが、盃を図として知覚しているときには、少女の横顔は地に後退し、少女の横顔が図として知覚されているときには、盃は地に後退する。どちらを図として知覚するかは、瞬間的に移動するが、盃と少女の横顔とが同時に図となることはない。

　「図」と「地」という観点から、自己の心の動きについて考えると、あることに注意を向けるとそれが図となって意識の表面にのぼってくるが、それ以外の心の動きは、地となって後退してしまい、自分にとってないも同然になってしまうことに気づく。ゲシ

ュタルト療法におけるカウンセリングは、図となっている悩みに耳を傾けながら、地となっている自己解決能力や、自己の健康な部分にも目を向けるように誘導していく過程でもあり、図と地を統合して全体性を回復する過程でもある。

### 14.6.1 ゲシュタルト療法における精神的健康

ゲシュタルト療法では、精神的に健康な人間を次のように考える。

#### ① 全体として統合された人であること

思考、感情、行動がばらばらなものとして存在しているのではなく、全体としてまとまりを持ち調和の取れた状態であることをいう。言葉をかえていえば、自分の中に存在している光と影の部分を、よく認識することである。この両者を統合し、全体性を取り戻すことが、自分を成長させることにつながる。

#### ② 今、ここで、を生きること（Here & Now）

人間は、「今、ここで」つまり、現在を生きることしかできない。過ぎてしまったことは、どんなに悔やんでも、取り戻すこともできないし、やり直すこともできない。将来のことはいくら考えても、わからないことばかりである。にもかかわらず人は先のことを考えては不安に襲われる。不安は誰にでもあるものであり、不安をなくせばいいというものでもない。ただ、不安に圧倒され今やるべきことが、おろそかになるとしたら、それは対処法を考えなければならない。

#### ③ われー汝の関係として、対等であること

人間がかけがえのない実存的存在であるならば、人と人との関係は対等である。年齢、性別、職業などの違いはあっても、人としての価値は皆等しく、また誰もが成長し、成熟した人格へと向かう可能性を秘めている存在である。人を見下したり、自己卑下したりすることなく、人と対等な関係を結べることも、精神的健康の条件の1つである。

### 14.6.2 ゲシュタルト療法の実際

ゲシュタルト療法の基本となるのは、「気づき」であり、その過程は気づきにはじまり、気づきに終わるともいわれている。

気づきとは、注意より少し広い概念であり、次の3層にわけられる。

#### ① 外層への気づき

自分の身体の外、すなわち、環境で起こっている事柄への気づきである。自分の五感

を働かせ、見る、聞く、嗅ぐ、触る、味わうなどを指している。

② **内層への気づき**

身体の内部、すなわち皮膚から内で起きている事柄を意識化することでもある。身体感覚といってもよい。

③ **中間層への気づき**

自分の思考、記憶、感情の中で起きている事柄への気づきで、すべての精神活動を含む。それらは、説明、想像、解釈、推測、思索、企画、計画、過去の追憶、将来の予想なども含まれる。

これら3層の気づきが正常に機能しはじめると、精神分析における意識化や、洞察に近い概念が生じ、身体全体での納得、行動の変容が可能となる。

### 14.6.2.1 技法を実践する場合の留意点

セラピストの解釈を極力避け、クライエントに気づきを持つ機会を提供する。クライエントの言葉はできるだけ第一人称（私は…）、現在形（…だった、…だろう、ではなく、…です）を使うよう勧める。非言語的なもの（貧乏ゆすり、腕組み、生あくび）に注目する。

### 14.6.2.2 よく用いられる技法

① **ホット・シート**

2つの椅子を用意し、自己と想像する他者、未知の自己、臓器などを座らせて対話する。たとえば「今仮にこのいすに母親が座っているとしたら、どんなことを話したいですか」という形で進行する。それによりセラピーは「今、ここで」母親と対面しているかのように展開し、母親に対する思いや感情、伝えたいことなどを「形」にしながら気づきを得ることができる。このように他者の眼前での緊張や興奮が「ホット」になることから、この名称がある。

② **ファンタジー・トリップ**

ファンタジーの世界に入り、体験する技法である。たとえば「気球に乗って、宇宙を飛行する」、「絶海の孤島で、気持ちよくくつろいでいる」などのイメージを用い、その中で未知の自己と出会ったり、すでに他界した肉親と遭遇したり、さまざまな体験をする。それによって、深い気づきと感動を味わい、自己変容へと向かうことができる。

### ③ 夢のワーク

夢のワークでは、夢に登場してきた人物、事物、雰囲気などになってみて、夢を再現し、各々を言語化や意識化する体験をいう。

**事例** 20代の大学生の男性　Nさん　就職活動で悩んでいる。

夢の内容 「銀河鉄道のような電車に乗って大空を飛行していた。突然電車が下降しはじめ、とても怖かった。」

この夢に登場するのは、電車、Nさん、大空の三者なので、それぞれになりきってもらって、ワークを行なった。ワークの詳細は省略するが、電車、Nさん、大空の三者とも、電車が下降することへの不安、恐怖感などを言語化したが、結論は、とても静かな「あるがままを受け入れる」という結末だった。Nさんの感想は「1週間ほど前に、とても入りたい会社の採用試験を受けたが、落ちたらどうしよう？と毎日考えていましたが、このワークで、どんな結果になっても受け入れる、ということに気づきました」とのことだった。

自己との対決を求められるゲシュタルト療法は、日本人には強烈すぎるという批判もあるが、1つの理論と技法として学ぶ価値があるだろう。

参考文献

倉戸ヨシヤ（1983）『ゲシュタルト療法の人格論』　関西カウンセリングセンター

倉戸ヨシヤ（1998）『現代のエスプリNo.375ゲシュタルト療法』　至文堂.

Perls, F. S 著　倉戸ヨシヤ監訳・日高正宏他訳（2000）『ゲシュタルト療法』　ナカニシヤ出版.

Walrond, S. S　森岡正芳他訳（1999）『心理療法事典』　青土社.

## 14.7　箱庭療法

### 14.7.1　箱庭療法（sand play therapy）とはなにか

箱庭は、1930年代に英国の小児科医ローエンフェルト（Lowenfeld, M）が、遊戯治療として用いたものに端を発する。当時は「世界技法」と称し、砂箱とミニチュアとで自由に自らの世界を表現するものであった。その後、この世界技法は、治療的側面と診断的側面にわかれて発展した。診断的側面は、ビューラー（Bühler, C. 1893-1974）により標準化され「世界テスト」と呼ばれアメリカで研究された。

一方、治療的側面は、スイスの心理臨床家カルフ（Kalff, D. 1904-1990）に受け継がれた。カルフはユングの優れた弟子であり、自らの治療実践で箱庭療法をユング心理学の分析により理論づけ、その効果を示した。対象者は、はじめ子どもであったが、次第に大人へと広げられた。

日本では、1965年に河合隼雄により「箱庭療法」として紹介された。日本には古来から「盆景」といった、小さな空間に種々の景観を作り、心の安らぎとして楽しんでいた伝統があり、箱庭を容易に取り入れ、発展させる土壌があった。その後、箱庭に関する研究や治療は、熱心に続けられている。また実際に大学、研究機関、各種相談所、病院、学校など多くの場所で治療に使われ効果を挙げている。

箱庭に使われる用具は、内法57cm×72cm×7cmの砂箱（内側が青く塗ってある）とミニチュアである。箱内には砂を適度に湿らせて、3分の2程度入れておく。ミニチュアは人間、動物、植物、建造物、自動車などで、規定のものはない。手作りのものでもクライエントが自宅から持ってきたものでもよい。

治療では、クライエントが興味を持った場合に作ってもらう。教示として、「この砂箱とミニチュアを使って自由に作りたいものを作ってください」という。クライエントは喜んで作り始めることが多いが、中には拒否する場合もある。無理に作らせることはしない。カルフは、許容的なセラピストのもとで自由に作ることの意味を重視し、それはあたかも人が生まれてのち、数年を母と一体で過ごす日々の再現であるという。「自由であると同時に、保護された空間」で、クライエントはセラピストとの間に強い信頼関係を持ち、精神的安定感を得て、弱くなった自我を回復させ精神的なエネルギーを得ていく。

箱庭の作品はクライエントの内面を象徴的に表現しており、ミニチュア一つひとつがクライエントにとって重要な意味を持っている。その意味をセラピストは共感的に理解する。クライエントが気づかずにいる深い意味を受け止めることにより、治療が成立する。河合は、「治療者がそばにいて、終始許容的な態度でその作品ができあがっていくのをクライエントとともに味わい、楽しむような気持ちでそれに接していること」が重要だと、述べている。

実際の治療では、一つひとつの作品を見ることが大事だが、同時に一連の作品をシリーズとして見て、箱庭の変化からクライエントの心の動きを理解していく。断定的な解釈はできないし、批判的な発言はクライエントの意欲をそぎ、継続して作っていく場合、一連の流れを止めてしまう。したがってクライエントとともに作品を見て、味わう

## 第14章 臨床心理の理論と技法

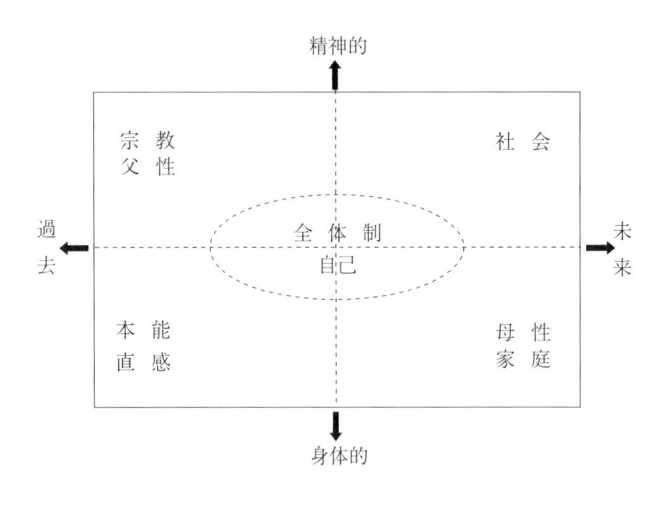

```
         精神的
          ↑
┌─────────────────────────┐
│ 宗 教           社 会    │
│ 父 性                    │
│         全 体 制         │
│ ← 過去   自 己    未来 → │
│                          │
│ 本 能           母 性    │
│ 直 感           家 庭    │
└─────────────────────────┘
          ↓
         身体的
```

**図 14-6　箱庭の空間図式**

ことが大事だ。

たくさんの作品を見ていくうちに、作品を深く理解できるようになるが、ここでは初心者が作品を見るときに参考になる点をあげてみる。

まず、はじめに全体的な印象をつかむ。ミニチュアの配置、空間の使い方（図14-6参照）、ミニチュアの種類、情景などを把握するが、筆者は箱庭全体の色づかいにも注目する。色遣いについてはあまり注意を向けられていないが、どんな色のミニチュアを使っているかは、全体的な印象に多大な影響を与える。色の解釈については、多くの研究があるので、一応の理解はしておくとよい。次にこの箱庭のテーマは何かについて考え、細部へ関心を向ける。もっとも大事なミニチュアはどれか、クライエントが自分を投影していると思われるミニチュアはあるか、特に象徴的に理解されるミニュチュアがあるかなどに注目する。ユング心理学において象徴は内面の投影と考えられ、その意味について、神話、伝説などにもとづいて解釈される場合があり、その意味を知っておくと理解が深まる。たとえばペリカンについてカルフは、「箱庭療法」において「ペリカンは母性愛の象徴とみなされている。古代後期の伝説によると、ペリカンは、その子を自らの血で育てようとして、自らの胸をつくのだという」と述べている。その象徴的意味がわかって作品の理解が深まったことを、筆者は実際に体験している。また箱庭の枠組みを超えている場合も注目すべきと考える。たとえば、枠のへりの上にミニチュアを置いたり、枠の外へ置くような場合である。なかには、本当はこの辺にある、といって箱庭の上30センチあたりの空間を指す場合もある。また、砂の中に多くのミニチュアが埋められているときもある。そのようなことの一般的な意味を把握して、クライエントと話し合うことが大事だ。特にはじめての箱庭は、初回面接と同じように後から振り返ってみると、クライエントの問題やその後の治療の筋道を示唆していることが多い。

しかし箱庭だけでクライエントのすべてを知ろうとするのではなく、他のテストや治療法と箱庭との関連なども参考にするとよい。たとえば、箱庭とロールシャッハ、箱庭

とYGテストなどについての研究は多くなされている。

### 14.7.2 箱庭療法による治癒

箱庭を作っているうちによくなってくるのはなぜだろうか。いくつかの要因が働いて全体として治癒へ向かうものと考えるが、もっとも重要なのは、箱庭を作る際に必要とされる、自我を統合する力が養成されるからと筆者は考える。ミニチュアを前にすると内面の意識や、無意識の混沌としたものが気持ちを動かす。ミニチュアを置くことはその気持ちを整理して、選択することである。選ばれたミニチュアは、全体の中でマッチしていなければならない。そのときに働く精神機能は、全体を統合する力である。それは、実社会で行動を選択し、実行に移す過程に類似している。つまり社会に適応する際に働く精神活動を箱庭で行なっていることになる。

それらの機能を十分発揮させるためには、セラピストとの温かい、受容的な人間関係が大事である。つまりそうした安心できる状況でクライエントは、自分自身を統合し、表現することが可能になる。クライエントはできた作品（自分自身）をセラピストと一緒に見ながら、さらに自己の内面を語り理解してもらうことができる。その過程を繰り返しながら、クライエントは次第にセラピストから独立し、成長することができる。このようにセラピストと一緒に作品を見て語り合えるということは、治癒のもう1つの大きな要因になる。

### 14.7.3 箱庭の紹介

ここで実際の箱庭を紹介する。これは大学院の学生が作ったものであるが、箱庭にテーマをつけ、説明している。治療のためだけではなく一般の人が箱庭を作ることにより、自分の内面を考える際の参考にすることができる。

#### 14.7.3.1 箱庭1 テーマ「自分の心の中をのぞきたい」（図14-7）

自分の心をもっと知りたいという欲求があったので、箱庭は数年前から作ってみたいと思っていた。ミニチュアを一通り隅々まで見たとき、寝ている仏像があり気に入った。宗教上何を表しているのかわからないが、私には寛いだり、ラクな姿勢で瞑想にふけったりしている仏様の姿から、癒しの世界がそこにあるような気がした。砂に水を入れ、かきまぜることは、とても気持ちのよい作業で童心にかえり、文字や模様を書いたり、山を作って遊んだりしたい気分になった。私の「心の中をのぞきたい」という気持

ちから中央に水がわき出るような泉を丸く作った。しかし、中央に穴をあけるということはとてもためらいがあり、すぐ隣に仏様をおいた。そして自分の心を守りたい気持ちがあり、泉（心）のまわりにネコやカエルの動物を置き、周囲を森の中にして木々を置いた。実のなる木や緑豊かな木々に囲まれ、いい気持ちだった。その泉にやってくる動物や、話をしたら楽しくなりそうな宇宙人や、人形のおもちゃたちも置き、楽器を演奏しているピエロも置いた。そこに座っていたくて、いすやブランコも置いた。作った後、とてもゆったりした気持ちになった。

### 14.7.3.2 箱庭2　テーマ「集い」（図14-8）

　箱庭が仕上がったとき、率直な感想はどこかすっきりした感じであった。作品として結構満足できた。とても楽しみながら作成することができた。箱庭に表現したかったものは、心地よい音楽が流れ、皆が集う楽しい空間であった。中央で3人の女の子、ピエロ、猿たちが楽しげに楽器を演奏している。左手に海があり、穏やかな風と波音を運んでくる。右手には駅があり、汽車がリズミカルな音をたてながら線路を走ってくる。船や汽車には大勢の人が乗っていて、この空間はさらにぎやかになるかもしれない。こういった空間に対するイメージは説明していくうちに広がっていった。箱庭の中で自己を表現しているパーツや、空間を考えながら箱庭を深く味わうことができた。

図 14-7　自分の心の中をのぞきたい

**図 14-8 集い**

参考文献

Kalff, D, M. 大原貢・山中康裕共訳（1972）『カルフ箱庭療法』 誠信書房.

河合隼雄（1969）『箱庭療法入門』 誠信書房.

河合隼雄・中村雄二郎（1984）『トポスの知・箱庭療法の世界』 TBSブリタニカ.

河合隼雄・山中康裕（1985）『箱庭療法研究2』 誠信書房.

木村晴子（1985）『箱庭療法－基礎的研究と実践』 創元社.

岡田康伸（2002）『現代のエスプリ別冊箱庭療法の現代的意義』 至文堂.

## 14.8　コラージュ療法

　コラージュとは、雑誌などから切り抜いたさまざまな切抜きを台紙に貼り付けていく技法である（図14-9参照）。20世紀初頭に美術の表現形式として発生した。元来この技法は絵画などに、より現実味を持たせるために、さまざまなものをキャンパスに貼り付けていくという形態から発生したと考えられている。このコラージュ技法を、心理療法の技法として臨床現場に導入したのがコラージュ療法である。日本では、1987年頃から使用されてきている。

　では、この心理療法としてのコラージュはどのような方法が存在し、どのように個人に影響を与えるのであろうか？　以下にコラージュの治療効果と具体的な方法を見ていきたい。

第14章　臨床心理の理論と技法

**図 14-9　コラージュ作品**

### 14.8.1　コラージュ療法の具体的な方法

　コラージュ療法を行なうのに必要なものは、はさみと糊、雑誌やパンフレット、雑誌の切り抜き、台紙などである。コラージュを行なう際の具体的な方法について、代表的なコラージュ・ボックス法とマガジン・ピクチャー・コラージュ法を紹介する。

① **コラージュ・ボックス法（森谷，1993年による）**

　**用意するもの**

・はさみ、糊（スティック糊が望ましい）
・コラージュ・ボックス（※1）
・台紙（A4版あるいはB4版の画用紙（※2））

　**導入**

「ここにある切り抜きの中から、何か心がひかれる絵を選び出し、画用紙に貼りつけてみてください」

　**制作中・制作後の留意点**

　必要があれば、はさみで切ってもよい。また、できあがった絵をもとにして、その連想をたずねたり、題をつけてもらったり、質問などをする。

② **マガジン・ピクチャー・コラージュ法（杉浦，1993による）**

　**用意するもの**

・はさみ、糊
・クライエントに持参してもらった雑誌やカタログ2～3冊
・台紙（四つ切（38×54cm）あるいは八つ切（27cm×38cm）の画用紙（※2））

**導入**

「コラージュを作ってみませんか。コラージュというのは、自分の気に入った写真（イラスト）や気になる写真（イラスト）を自由に切り抜いて、台紙の上に好きなようにおいて、糊づけして作るものです」または「雑誌やカタログの中から好きなものや気になるものを切り抜いて、台紙の上に好きなように貼りつけてください」

※1　あらかじめクライエントが気に入りそうな切り抜きをセラピストが雑誌から切り取って数十点以上入れた箱
※2　大小の台紙の選択は、クライエントのエネルギーによって決定する。つまり、子どもの場合や、エネルギーの乏しいクライエントの場合は、小さいサイズの台紙を使用する。

### 14.8.2　コラージュ療法の有用性

　杉浦（1994）はアンケートの結果から、コラージュの治療効果について心理的退行、自己表現、内面の意識化、自己表現と美意識の満足、言語面接の補助的要素、診断材料、ラポール・相互作用・コミュニケーション媒体などを見出している。この杉浦の考えにもとづき、筆者がコラージュ療法を行なう際に治療上有用であると考えているものを以下にあげる。

① **制作過程の楽しさ**

　コラージュを制作する過程では、多くの体験者が「楽しい」というコメントを持つといわれている。何かを切り抜き、糊で貼り付けるという体験は、多くの人々が児童期に工作として体験しているものの、大人になってからは体験することの少ない作業だと考えられる。この心の動きは、過去の楽しい体験を思い出させるものであり、純粋な楽しさを見出すのであろう。箱庭療法においても、砂の手触りは砂遊びの体験を連想させ、制作における楽しさ、ひいては治療的に子どもの頃の経験を再び体験するという心理的退行を導くと考えられる。箱庭療法と同様の心理的退行が、コラージュ療法における制作過程の楽しさにも含まれているものであると考えられよう。

## ② 自分を自由に表現できる

現代社会における生活では、自分の意見や考えをまったく自由に表現できる場は多くはないであろう。コラージュ療法では、セラピストとクライエントという2人のみの関係の中で、誰にも評価や批判されることなく、自由に台紙の上に自分の思った通りのイメージを表現できるのである。この自由な表現が、心に問題を抱え、自分を抑えている人にとっては治療的な作用となるのであろう。

また、描画などでは自分の描きたい対象が技術的な問題で上手く描けず、不満を持つという状況もあり得るであろう。しかし、コラージュの制作では、元来プロの写真家が撮影した写真などを自由に切り抜き、貼り付けるのであるから、誰が作ってもある程度美しく満足のいく作品が作りあげられる。この完成度の高さも自分のイメージを自由に表現することに貢献しているのであろう。

## ③ 言葉以上のものを表現できる

思春期のクライエントや幼児などは、自分の心の内面を言葉で表現しにくい場合がある。そのような際にコラージュ療法を施行することによって、クライエントは自分の言葉にならない内面の気持ちを表現することが可能となるし、セラピストにとってはクライエントの言葉にならない感情の一部を察することができるのであると考える。

## ④ 制作者の内面を知る手がかりになる

コラージュ作品を心理アセスメントの1つとして、単独で使用することは少ない。しかし、クライエントの楽しい気持ち、寂しい気持ち、エネルギーの多さや少なさなどは、作品全体、あるいは切り抜きの多さ、切り方の細かさなどから伝わってくるものである。たとえば、楽しい気分の制作者は、明るい色彩や楽しげな内容の作品を制作する可能性があり、エネルギーが高い制作者は、細部までこだわった数多くの切り抜きを貼る可能性があるのである。

## ⑤ セラピストとクライエントの話題の共有

コラージュ作品には、クライエントの興味や関心のあるものが多く貼られる傾向がある。前に述べたように、自分のことを話すのが苦手なクライエントの場合、自分の興味・関心のあることなども、カウンセリングの中で積極的に話題にのぼってこない。制作後のコラージュ作品について、セラピストとクライエントが話し合うことで、クライエントの興味・関心のあること、ひいてはクライエントの世界の一部をセラピストは共有することができるものと考える。

コラージュ療法は、激しい症状を呈しているクライエント以外には、ほぼ適用が可能であり、雑誌・はさみ・糊という用意しやすく、なじみのある用具を使用するため、クライエント・セラピストの両者にとっても取り組みやすい技法であると考えられる。作品からクライエントの内面世界をくみとるためには十分な訓練が必要であるが、個人のみならずグループに対しても広い適用範囲を持つ技法であると考えられる。

参考文献
森谷寛之他編（1993）『コラージュ療法入門』 創元社.
杉浦京子（1994）『コラージュ療法：基礎的研究と実際』 川島書店.

## 14.9 森田療法

森田療法は、精神科医森田正馬（1874〜1938）が、1918年頃から実践、創始した精神療法（心理療法）である。森田は、自己の神経衰弱体験（今でいう神経症）をもとに、さまざまな治療法を実践し、効果のないものは捨て、効果のあるものを取り入れ、創意工夫を働かせて、日本独自の療法を確立した。森田正馬は、フロイトと同時代に生まれ、日本の社会を背景にして東洋的発想から、独自の治療法を創り出したのである。ちなみに、森田は自らの療法を「神経症に対する特殊療法」と名付けたが、彼の没後、弟子たちが「森田療法」の名で呼ぶようになったものである。

### 14.9.1 森田療法の適応症

森田は、森田療法の適応症として「森田神経質」という用語を用いた。森田神経質（症）者の特徴は、「かくあるべし、かくあらねばならぬ」という考え方が非常に強く、自分の些細な欠点も許せない、真面目、几帳面、完全癖主義的な性格である。たとえば、大勢の人の前で話をしなければならないときには、誰でも緊張し、あがるのではないかという不安を持つものである。ところが森田神経質の人たちは、この不安が一層強いだけでなく、「緊張してはいけない、あがってはいけない」という観念を抱き、そのことにとらわれて、身動きがとれなくなってしまう。森田はこれらの人々について「生の欲望」が強いと考えた。森田療法の対象となるのは、こうした「生の欲望」が強く、よりよく生きたいと願いながら、それを間違った方向に向けている真面目、几帳面、完全癖的な神経症者が中心だったが、時代とともに変化していって、現在では、心

第14章 臨床心理の理論と技法

身症、うつ病、人格障害、慢性的な身体症状で悩む人（ガンや慢性的疼痛など）、死に直面している人へのターミナルケアなどの場でも使われている。さらに、家庭や学校、職場での人間関係で悩む人などの問題解決法としても役に立つことがわかってきて、医療機関で行なう森田療法ばかりでなく、心理臨床の場でも、森田式カウンセリングが行なわれている。

### 14.9.2 森田療法の特徴

森田療法は、悩みや不安の原因をさがし、それを取り除こうとする治療法ではない。人間の不安や悩みは、生きていく上では当然発生するものであり、必要不可欠な感情でもある。不安や悩みに圧倒されるのではなく、そういった心の働きに自分で気づき、不安や悩みとともに生きていくという心の持ち方を体得していく療法である。

森田療法には、前述の「生の欲望」の他にも、禅など仏教の言葉を借りてきて説明することがある。よく知られている「あるがまま」の他、不安の中にこそ安心があるという「不安心即安心」、気分を問題にせず、形から入って自分を整える「外装整えば内おのずから整う」、気分をよくするために行動するのではなく、事実にしたがって行動する「気分本位から物事本位へ」（事実本位とか目的本位とも言われる）、不安を抱きながら目の前のやるべきことを行なう「恐怖突入」など独特の用語が使われている。

### 14.9.3 森田療法の実際

#### 14.9.3.1 入院治療（臥褥療法とも言われる）

森田正馬が入院治療を考え出すきっかけとなったのは、1919年、神経症の人たちを自分の家に住まわせて指導したことである。したがって、治療も住居の一部で行なわれ、生活の中での細かい対処の仕方も、買い物とか掃除といった日常生活を通して行なわれていた。

入院治療は次のような手順で行なわれる。

① **絶対臥褥期**

入院治療では、最初の1週間は、絶対臥褥を命ぜられる。洗面、食事、トイレ以外は、ただひたすら横になっている。最初の2、3日、クライエントはよく眠ることが多いが、その後クライエントは、ひたすら自分の症状や悩みと向き合わざるを得なくなる。そして、今まで避けてきた自分の悩みと向きあうことにより、次第に「何かをして

みたい」という活動欲求を自覚するようになる。

#### ② 軽作業期

　この時期は、「何かをしてみたい」という「生の欲望」を、日常生活に移し替えていこうとするものである。あらかじめ用意された軽い作業の見習いが中心となる。それとともに、見知らぬ他者との共同生活がはじまる。対人関係が苦手なクライエントにとっては、苦しい作業でもあるが、悩みながらこの時期を乗り越えていく。

#### ③ 第三期の作業

　作業の種類も増え、スポーツ、音楽療法、レクリエーション療法などが導入される。他のクライエントとの交流も活発に行なわれる。そして、前期でできあがった「生の欲望」を生かす態度を、現実社会で実現するようにプログラムが組まれていく。

#### ④ 実生活に戻る

　普通の生活に戻る時期である。外出も許されるし、退院の準備もはじめる。それまで行なっていた興味や関心の向いた生活も終わりになる。外出も必要に応じて許されるのであって、訓練のための外出ではない。

　初期の森田療法では、入院期間は40日と定められていたが、最近では2～3か月が大体の目安である。

### 14.9.3.2 外来治療

　入院するほど重症でない場合には、外来治療法が行なわれる。そのため面接や日記指導を中心に、毎日の生活における誤った生活態度を変えていこうとする。日記指導では、気分と態度の分離を日記の中でやらせていく。日記帳は2冊用意し、クライエントの記述に対してセラピストがコメントを書き、1週間ごとに交換する。日記は、毎日1ページ程度にまとめる。これは、面接場面での話題提供という側面もある。セラピストによっては、クライエントの関心を外に向けるため、1日に何か1つ新しく気がついたものを見つけて、それを書きとめるように指示することもある。何に気がつくか、何に関心を持つかに注意を向けて、自分の世界を広げていくようにするのである。心の悩みを持つ人は視野が狭くなっていて、自分の悩みの堂々巡りをしていることが多いので、目の前に美しい花が咲いていても、「見て見ず、聞いて聞かず」の状態に陥ってしまう。このとき、セラピストのコメントで、自分の気分から離れることは、とても有効である。

### 14.9.3 森田式カウンセリング

　森田療法の基本的な考え方にもとづいて行なわれるカウンセリングをいう。通院治療と並行して行なわれる場合もあるし、相談機関のみで行なう場合もある。いずれの場合にも、クライエントの心の持ち方を取り上げ、自分で自分の心の持ち方に気づくようにカウンセリングを進めていく。相談にあたるのは、森田療法の専門的トレーニングを受けたセラピストである。

　まず、カウンセリングの基本である傾聴からはじまる。悩んでいる人の言葉を心を込めて聴きながら、森田療法の対象者であるか否かを判断する。ポイントは、①自分で何とか解決しよう、治そうと強く悩んでいること、そのためにいろいろな試みを行ない、その結果として状態がますます悪化していること。②性格は几帳面、気が小さく完全欲が強い、1つのことにこだわると、そこから転換するのが苦手、一方では負けず嫌いで人に認められたいという面を持っている。③年齢的には青年期以降で、自我の強さがある程度育っていることである。

　次は森田療法の理論によって症状の成り立ちを説明し、それまでとっていた態度や、症状を悪化させ、固定化させてきた態度を変えさせることである。これは治そうとする努力を止めることであり、クライエントの心を自分の悩みや気分以外のものに向けていくよう指導していく。治そうとするから悪くなる、というアドバイスは意外な指摘であるだけに、注意を持って聞いてもらえるが、すぐにそれでは満足できない不安が生まれてくる。そこでさらにその不安を掘り下げ、不安の性質を説明することが必要になる。

　さらに、どうして不安になったり心配が生じるのか、その原因を考えさせる。そして自分の生の欲望が、間違った方向に向かっていることに気づかせていく。

　カウンセリングが進むと、目を外に向けて「成すべきことを成す」という態度に転換することを援助する。不安を持ちながらも、やるべきことをやる、気分本位でなく、物事本位、目的本位の方向に転換していくのである。

　こうしたプロセスを経て、クライエントは自分の不安との付き合い方や、これまでの間違った態度や努力に気づき、不安や緊張はありながらも、日常の行動ができるようになっていく。森田式カウンセリングでも、日記指導は有効であり、面接では得られないクライエントの日常の気分や行動を理解し、セラピストのコメントによってクライエントの生の欲望を好ましい方向に向けていくことが可能になる。

　終わりに、森田理論学習の場となっている、「生活の発見会」についても触れておこう。

この会は、森田療法を受けたり、自分で実践することによって悩みを克服してきた、あるいは克服しようと努力している人たちで構成している団体であり、もっとも成功した自助グループといわれている。

　以上述べたように、森田療法は、発想を転換し、心の持ち方を切り替えることにより、その人の持つ健康に向かう力、自己治癒力を引き出していく。認知療法と類似しているようにも思われるが、認知療法が「知の療法」であるのに対して、森田療法は全人的な療法ともいえ、より深い療法といえるだろう。最後に森田療法が中国、欧米などでも使われ、東洋の英知が見直されていることを記し、本節の結びとする。

参考文献

岩井寛（1999）『森田療法』 講談社.

北西憲二（2002）『実践森田療法』 講談社.

増野肇（2000）『森田式カウンセリングの実際』 白楊社.

森田正馬（1969）『生の欲望』 白楊社.

大原健士郎（2000）『新しい森田療法』 講談社.

## 14.10　催眠療法

### 14.10.1　催眠療法とは

　催眠療法（hypnotherapy）とは、催眠状態の特性を利用して、さまざまな心理的・身体的な治療を行なう心理的技法の総称のことであり、一般的には催眠（hypnosis）による心理療法を指す。催眠現象によって引き起こされる特殊な心理的・生理的状態は、有史以前から宗教儀礼や医学的な治療の中で用いられてきた。催眠現象は一見すると非常に神秘的・驚異的であり、その治癒力も著しい場合があるので、見世物として興行されたり、神秘的・超自然的な治療法として誇大に喧伝されたりした。その結果、催眠は怪しげなものとして扱われ、忌避されることもあった。催眠療法あるいは催眠研究の歴史は誤解と偏見との闘いであるといっても過言ではない。催眠は次のように定義される（成瀬，1981）。

　「催眠法とよばれる一定の手続きによって生起する特殊な心理的・生理的な諸現象の総称。心理的には独特な注意集中と意識性および被暗示性の高進が特徴で、その結果、知覚や動作、記憶、イメージ、思考、判断、態度、行為などに、また生理的には脳波や

## 第14章 臨床心理の理論と技法

筋電図、脈拍、電気皮膚反射その他に異常な現象がみられる。」

催眠下で観察される特殊な意識状態を催眠性トランス状態と呼び、それは変性意識状態（altered state of consciousness）の一種であると考えられている。催眠の特徴としては次の7つがあげられる（中島，1999）。それは①企図能力の低下、②注意の再配分、③イメージの活性化、④現実吟味力の低下、⑤被暗示性の亢進、⑥役割行動、⑦催眠性健忘の7つである。催眠療法では、これら催眠特有の現象が治療の手段として利用される。

### 14.10.2 催眠療法の歴史的展開

催眠療法の萌芽はシャーマニズムや霊媒などの宗教的行事に見出すこともできるが、一般的には催眠療法の始まりはメスメリズム（Mesmerism）であると考えられている。メスメリズムとは、オーストリア出身の医師メスメル（Mesmer, F. A. 1734-1815）が考案した磁気療法のことである。メスメルは、心身の疾患は人体に流れる動物磁気の不均衡によって生じるという動物磁気説を提唱し、動物磁気を操作することで心身の治療を行なった。しかしメスメルの磁気治療は当時の正統医学からは受け入れられず、フランス王立委員会による調査によって、磁気治療の効果はクライエントたちの想像力によるものであると結論づけられた。

メスメルを催眠療法の始祖とする考えは多数あるが、メスメル自身はあくまでも動物磁気の働きで治療を行なっていたと考えていたのであるから、メスメルを催眠療法の創始者と考えるのは妥当ではない（長谷川，1999）。メスメルの磁気療法は催眠療法というよりは、動物磁気という未知のエネルギーの存在を想定している点から、気功法に類似したものであろう。今日では気功法のような「気」の概念を用いた治療法を、補完・代替医療の一種であるエネルギー療法として分類することも可能であるが、これらは心理療法とは異なったパラダイムに立脚した治療法でもある。メスメルは催眠療法の創始者というよりも、むしろエネルギー療法としての磁気療法を創始したとみなすこともできよう。

催眠が科学的な研究の対象となり、正統医学の場で利用されるようになったのは19世紀に入ってからである。1840年代にイギリスの医師ブレイド（Braid, J. 1795-1860）は催眠現象を中枢神経系の生理学的現象であるとみなし、催眠を神秘的な色彩の強いメスメリズムという言葉ではなくヒプノティズム（hypnotism）という言葉で表現することを提唱した。その後、フランスにおいてリエボー（Liebeault, A. 1823-1904）とベルネーム（Bernheim, H. M. 1873-1919）はナンシー学派を形成し、シャルコー（Charcot, J. M. 1825-1893）

のサルペトリエール学派と催眠現象についての論争を行ない、催眠研究が活発に行なわれた。

　精神分析療法の創始者であるフロイトは、シャルコーやベルネームに催眠を学び、ブロイラーとともに催眠によるヒステリーの治療を試みて、無意識やカタルシスの概念を考えだした。その後、フロイトは誰もが催眠に誘導されるわけではないことなどを理由に催眠を放棄し、精神分析療法を発展させることになる。精神分析の誕生以後、催眠療法は下火になったが、第一次・第二次世界大戦時に戦争神経症患者の治療手段として催眠療法が見直され、催眠下に精神分析療法を行なう催眠分析療法が発展し、それが今日の催眠療法の基礎となった。

### 14.10.3　催眠療法の種類と技法

　催眠現象にはさまざまな側面があり、どの側面を治療手段として適用するかによって催眠療法の技法が異なってくる。催眠療法は①催眠そのものが持つ治癒力を利用するもの（持続催眠法、自律訓練法など）、②各学派の心理療法の中で催眠を活用するもの（催眠分析、行動療法での催眠の利用など）、③催眠現象の分析や催眠療法の経験から得られたものを、直接には催眠を用いない形の心理療法に応用しようとするもの（エリクソン派の諸技法、イメージ療法など）の3つに分類される（田嶌, 1990）。

　催眠療法の技法として広く用いられているものとして、次の5つの方法がある（中島, 1999）。それらは①直接暗示法（催眠暗示によって症状の直接的な除去や修正を試みる技法）、②症状転移法（日常生活で支障をきたすような症状を無害な症状に移し替える技法）、③後催眠暗示法（覚醒後にも催眠下での暗示が有効に働くように催眠時に暗示を与える技法）、④催眠分析（催眠下では抵抗や抑圧が弱まるのでその心理的状態を利用して自由連想法や自動書記、自動描画などを行なう技法）、⑤年齢退行法（暗示によって現在の年齢をさかのぼり過去の出来事を再現させる技法）の5つである。

### 14.10.4　催眠の適用領域

　催眠はおもに医療現場で適用されているが、最近はスポーツや産業、教育の領域でも催眠の適用が注目されている。医療領域で催眠の適用が有効であると考えられている症状として、①神経症（不安、恐怖、転換、解離）、②心身症（疼痛、頭痛、呼吸器疾患、心血管系疾患、消化器疾患、皮膚疾患、免疫関係疾患）、③習慣・行動上の問題の3領域がある（中島, 1999）。スポーツ領域では、スポーツ選手のメンタルトレーニングやあがり

対策に催眠が適用されることが多い。産業領域では従業員のヘルスプロモーションや創造性の開発などに催眠が利用される。教育現場では、従来は偏食の矯正や乗り物酔いの改善、不適応行動の軽減などに催眠が用いられていたが、最近では児童生徒に対するストレスマネジメント教育の一環として、心身のリラクセーションのために催眠が用いられている。

参考文献

長谷川浩一（1999）「心像研究と催眠研究」『青山学院大学文学部紀要』 40, 1-21.

中島節夫（1999）「催眠療法（自律訓練法を含む）」岩崎徹也・小出浩之（編） 『精神療法 臨床精神医学講座 第15巻』 中山書店, Pp135-154.

成瀬悟策（1981）「催眠」 藤永保・梅本堯夫・大山正編（1981）『心理学事典』 平凡社 P.268.

田嶌誠一（1990）「催眠臨床における総合的アプローチ 心理臨床の立場から」『催眠学研究』 35, 41-45.

## 14.11　自律訓練法

### 14.11.1　自律訓練法（Autogenic Training）とは？

　ドイツの神経科医シュルツ（Schultz, J. H. 1884-1970）が1920年代より催眠状態の科学的分析をもとに考案し、誰もが自分の力で練習することができるように体系化した治療法、心身のリラクセーション法である。

　催眠が心理生理的治療法として有効であることは知られており、この時代も治療法の1つとして積極的に用いられていた。通常、催眠では心身のリラックスした催眠状態にクライエントを導いて被暗示性を高めた上で暗示を与える。フォークト（Vogt, O. 1870-1959）は、催眠状態そのものを何回も繰り返し体験することが心身の健康増進につながることを発見した。この研究に刺激を受けたシュルツは、催眠状態下ではほとんどの人が気持ちが落ち着いたり、腕や脚が重く温かくなることにヒントを得て、逆に「気持ちが落ち着いている」、「両腕が重たい」、「両腕が温かい」と心の中で唱える手続きを定期的に続けることによって自分自身で催眠状態と類似の状態を作り出せることを発見した。シュルツはこの研究をさらに進めて催眠状態下での6つの生理的変化に対応する言葉を公式として確立し、練習者が閉眼下で自分自身のペースで公式を繰り返す練習を通

して段階的に心身の弛緩した状態を作る治療法、訓練法として「自律訓練法」を体系化した。自律訓練法は正しいやり方で毎日継続的に練習を続ければ、ほとんどの人が習得可能である。さらに、一度習得すればいつでも、どこでも、どんな状況でも、たとえば歩きながらでも、自分で練習ができ、効果を得ることができるため利用可能性が高いといえる。

### 14.11.2　自律訓練法の適用範囲

　自律訓練法は開発以来、不安、緊張が発症や経過に関係する心身症の治療法として医学領域、おもに心身医学の領域で積極的に導入されてきた。今日では以下の多様な領域で幅広く用いられている。

① 　医学領域

　頭痛、高血圧、過敏性腸症候群などの心身症、不安障害、睡眠障害などの改善、がん患者の延命、高齢者医療、出産の準備教育（自律訓練法を習得すると分娩の経過がスムーズになると言われている）。

② 　教育領域

　生徒指導、集中力、創造性の向上、教職員のメンタルヘルス。

③ 　産業領域

　事故防止（バス会社で交通事故が減少したという報告がある）、職場での人間関係の改善、作業効率の向上。

④ 　スポーツ

　あがり対策（日本は東京オリンピックの際に自律訓練法を採用してメダル数を増やした）、コンディションの維持、パフォーマンスの上昇。

⑤ 　その他

　アメリカ航空宇宙局（NASA）における宇宙飛行士の訓練（毛利衛氏は自律訓練法によって宇宙空間でもよく眠れたと報告している）、一般の人の健康増進法。

### 14.11.3　自律訓練法の効果

　自律訓練法は正しい手順で継続的に練習することで以下の効果を得ることができる。

① 　知的側面

　注意力の増大、記憶力の改善、課題の対応力の向上、学業成績の上昇。

② **社会的側面**

対人関係の改善、自発的な活動の増大。

③ **心理的側面**

不安・攻撃的態度の減少、情動の安定、自信回復、神経質傾向の改善。

④ **生理的側面**

不眠・胃腸障害・頭痛・チック・肩こり・疲労や冷え性の改善。

⑤ **その他**

創造性の向上、物事のとらえ方が柔軟になる、免疫力の向上、健康の増進。

自律訓練法は心身のストレスを軽減、除去することによって、人間の本来持っている力をより引き出すための方法と言える。

### 14.11.4 技法の種類

#### 14.11.4.1 標準練習 （表14-2）

自律訓練法の基本でかつ中心となる練習。ゆったりした姿勢で、公式を自分のペースで心の中で繰り返し、公式に関連する身体部位にぼんやり注意を向けて、そのときの心身の感覚を味わう。公式は以下の6つからなり、各公式は催眠状態中の体験の報告にもとづいて生理的な背景を考慮して作られている。背景公式としての安静練習、筋肉の緊張が緩んで重みが感じられ（重感練習）、筋肉が緩めば血流もよくなり温かみが感じられる（温感練習）。重温感練習を通して内臓の働きも安定してくるので、心臓の鼓動が自然にゆったりしてくる（心臓調整練習）、呼吸も大きくゆったり楽になり（呼吸調整練習）、腹部の活動も活発になって血流がよくなり、ほのかに温かみが感じられる（腹部温感練習）。最後に心身にとって好ましい状態である頭寒足熱の状態を作り練習を締めくくる（額部涼感練習）。このように標準練習は生理的な背景にもとづいて明確に作られているので、原則として公式の手順、言葉は換えないで練習を進める必要がある。

実際の練習は背景公式ができたら次を加えるというような積み上げ方式で順番に練習を進めていく。各公式に対応した身体感覚（重たさ、温かさなど）が安定して感じられるようになったら次の公式に進む。この際、はっきりした感覚である必要はなく、ほのかな感覚でも毎回感じられる程度であれば十分である。最終的には第6公式まで1度に練習を行なうことができるようになる。標準練習を習得するには通常2〜3か月、人に

表 14-2　標準練習の公式

| 背景公式 | 安　静　練　習 | 「気持ちが落ち着いている」 |
| --- | --- | --- |
| 第1公式 | 四肢重感練習 | 「右（左）腕（脚）が重たい」 |
| 第2公式 | 四肢温感練習 | 「右（左）腕（脚）が温かい」 |
| 第3公式 | 心臓調整練習 | 「心臓が静かに（自然に）規則正しく打っている」 |
| 第4公式 | 呼吸調整練習 | 「（自然に）楽に息をしている」 |
| 第5公式 | 腹部温感練習 | 「お腹が温かい」 |
| 第6公式 | 額部涼感練習 | 「額が心地よく涼しい」 |

よっては半年以上かかることもある。早く習得することが必ずしも効果を得ることにはつながらないので、自分のペースでじっくり毎日コツコツ練習を継続することが効果を得るためには必要となる。また、心臓調整練習以降の段階において心臓、呼吸器、腹部、額に各々、症状や疾患が存在するときにはその公式を飛ばして練習を進める。

#### 14.11.4.2　特殊練習

標準練習を習得した後、標準練習で形成された心身の状態を利用して応用段階として特殊練習を行なう場合があり、以下の4つからなる。特殊練習は治療のための方法なので経験を積んだ専門家の下で練習を進める必要がある。詳細は、参考文献であげた各文献の中に記述されている。

① **黙想練習**

標準練習習得後にイメージが生じやすくなる傾向を利用して、イメージを媒介にして自分自身を洞察していく練習。

② **自律性修正法**

標準練習習得後、個々の身体症状や心理的問題に適したオリジナルの公式を作成して、標準練習につけ加え練習する方法（例：肩こり「首から肩が重くて温かい」）。

この他にも自律性中和法、空間感覚練習といった技法が存在するが、詳細は各文献を参照されたい。

## 14.11.5 自律訓練法の特徴

① 毎日短時間の練習を継続することを通して自分自身で心身のセルフコントロールができるようになる。
② さまざまな心理・生理的変化（例：心拍下降、皮膚温上昇、筋肉弛緩）が生じる。
③ 標準練習では皆同じ公式を練習するので、集団での指導、練習も可能である。
④ 副作用が比較的少なく、薬物療法や他の治療法とも併用しやすい。

## 14.11.6 自律訓練法の練習方法（標準練習の場合）

### 14.11.6.1 はじめての練習

　自律訓練法の練習に慣れた後であれば、ある程度騒がしい、落ち着かない環境で練習することも可能であるが、それまではできるだけリラックスしやすい環境で行なうことが望ましい。具体的にはできるだけ静かで明るすぎない場所を選択する、時計、ベルト、ネクタイなどをゆるめるなどの外界の刺激を可能なかぎり除去するだけでなく、空腹時を避ける、お手洗いに行っておく、気にかかる用事ですぐできることはすませておくなど身体内部の刺激を除去するといったことも行なう。

　その上で自律訓練法の姿勢をつくる。姿勢には仰臥（仰向け）姿勢と椅子姿勢があり、どちらで練習を行なってもよい。両姿勢でも軽く目を閉じて、自分の姿勢がほんの少しでもリラックスした、楽な、自然な姿勢になっているかを確認しながら姿勢を整えていく。口元を意識してゆるめてみるのもよい。

　その後は以下の手順で練習を進めていく。（①～⑥まで約2～3分間）
① 何回か自分のペースで深呼吸などをして、心身を少し落ち着かせる。
　↓
② いつもより、ほんの少し落ち着いている感じを確認するつもりで「気持ちが落ち着いている」という公式を頭の中で数回、自分のペースで繰り返す。
仮に落ち着かなくても今の感じを味わっておく。
　↓
③ 両腕（右腕）にぼんやり注意を向ける。
　↓
④ すでにいつもよりほんの少し肩の力が抜けて楽になっている感じを確認するつもり

で「両腕（右腕）が重たい」という公式を頭の中で数回、自分のペースで繰り返す。仮に重たい感じがしなくても今の感じを味わっておく。

↓

⑤　消去動作を行なう。

↓

⑥　ゆっくり目を開けて練習を終了する。

消去動作とは、練習によって得たリラックスした状態から、日常生活を営めるすっきりした状態に心身を戻すために、自律訓練法の練習の最後に毎回必ず行なう簡単な運動のことである。消去動作は、両手の開閉運動、両肘の屈伸、背伸び、開眼という手順で行なう。

### 14.11.6.2　その後の練習

上記の手順の練習を自分で毎日、1日2～3回練習する。1回の練習時間は約2～3分とし、最高でも5分以内で切り上げる。1回に長い時間（例：6分）をかけるより、短い時間の練習を2回続けた方が習得しやすい（例：3分×2回）。

両腕の重感を毎回の練習で定期的に体感することができたら、両脚→両腕両脚と重感練習を行なう範囲を広げていく。そのようにして重感練習を習得したら、次の温感練習に進む。重感練習を習得できているかの目安としては、①椅子姿勢、仰臥姿勢のどちらでも練習ができる、②騒音などのある悪条件下でも重感が生じる、③1分以内に重感が生じるなどをあげることができる。温感練習に進んだら、それまでの手順の次に「両腕が温かい」という公式を付け加える。両腕の温感を習得したら、重感練習と同様に両脚→両腕両脚と温感練習を行なう範囲を広げていく。最終的には「両腕両脚が重くて温かい」と、重温感練習としてまとめた練習を行なう。重温感練習習得後は心臓調整練習以降に練習を進めていく。新しい公式を付け加えても、その前までの練習が短時間でできるようになっているので、毎回の練習時間は一貫して約3分で行なうことができる。

重温感練習は標準練習の基本で7～8割を占める重要な練習である。重温感練習のみで十分な効果を挙げることができる場合も多々あるので、じっくり練習に取り組むことが大切である。

### 14.11.7 練習時の注意事項

練習中に公式や身体感覚に対して注意を向けすぎない。無理に変化を起こそうとがんばらない。気持ちを落ち着かせよう、重くしよう、温かくしようとするのではなく、さりげなくぼんやり、自分の今のあるがままの身体感覚の変化に注意を向ける。このような態度を受動的注意集中といい、この態度を自律訓練法の練習を通して身につけること自体が、自然に身を任す心構えをもって、ゆったりした気持ちで日常を送ることを可能にする。

また練習中にその日の出来事や思い出などの雑念が思い浮かぶこともある。そのとき雑念を無理に消そうとするのではなく、浮かぶにまかせて公式に集中するようにする。練習を続けていくと自然と雑念が浮かばなくなることが多い。

参考文献

笠井仁（2000）『ストレスに克つ自律訓練法』 講談社.
松岡洋一・松岡素子（1999）『自律訓練法』 日本評論社.
佐々木雄二（1976）『自律訓練法の実際』 創元社.

## 14.12 交流分析

交流分析（Transactional Analysis：以下 TA と記す）は、バーン（Berne, E. 1910-1971）が創始した技法である。バーンはカナダ・モントリオールの開業医の息子で、マギル大学医学部を卒業し、研鑽を積んだ後アメリカに移住し、精神分析医の資格を得ようとして努力した。しかし、1941年からパーソナル・アナリシスを受け、実践と勉強を続けたにもかかわらず、何度も不合格とされ、1956年に精神分析と決別し、新しい発想を目指した。TA は1957年バーンが、米国集団精神療法学会西部大会で、「新しい効果的な集団療法」と題する研究発表をしたときからはじまるとされている。TA は精神分析の考え方が基本にあり、それを日常的な、平易な言葉に置き換えたという面もある。日本には、昭和45年に紹介され、実用性が高いこと、理解しやすいこと、治療効果が著しいことなどで評価された。しかし、バーンの理論は、西欧的な自我（個人主義、現実主義、合理主義）の発展に焦点を合わせて構成されており、特に東洋思想の背景を持つ日本人には、しっくりしない点が少なくないことから、九州大学心療内科の池見酉次郎らの研究グループが中心となって、TA の理論や技法の再構成を試み、日本版「交流分析」と

名づけて世に問うたものが、現在使われているTAの理論と技法である。

TAでは4種類の分析を取り扱うが、本論では、もっともポピュラーなパーソナリティの分析である構造分析（自我分析）を取り上げる。

### 14.12.1　構造分析（自我分析）

#### 14.12.1.1　自我状態の分析

　自我状態という発想のもとになったのは、ある有能な弁護士の治療体験である（A氏とする）。A氏の仕事に対する態度は、きわめて理論的かつ合理的だったが、一方ひどく賭け事に凝っていて、賭け事に勝つための合理的な考え方と、迷信的な考え方の両方を用い、迷信的な思考のシステムが働いているときには、非常に子どもっぽく、冷静、合理的な大人の面はどこかにいってしまうのだった。バーンはA氏について、言葉、身振り、音などの新しい刺激が彼に侵入してくるとき、彼の行動に変化が起きると考えた。その変化はあたかも1人の人間の中に、2人の人間がいるかのようで、彼はこの2つの状態をすみやかに移動し、状況によってどちらかの1人が彼の人格全体を統制しているかのようでもあった。バーンは、A氏の治療体験から、人には2つの人格が存在することに気づき、それに自我状態という名前をつけたが、その後さらにもう1つの自我状態があることが明らかとなり、3つの自我状態として組み立てた。

　自我状態の枠組みは、幼少期のすべての経験、親（あるいは親代理）から取り入れられたすべてのもの、種々の事件から知覚したもの、それらの事件に結びついた感情、記憶の中に取り込んだひずみなどのすべてからなり立っているのであり、あたかもビデオテープのように保存されるのである。

　人格を構成する3つの自我状態を図式化すると、図14-10のようになる。

　前述の通り、バーンは、大人の自我状態（Adult：A）と、子どもの自我状態（Child：C）の2つを想定したが、バーンを中心とするグループによって、さらに親的な心の働きがあることも明らかとなり、それをParent：Pと名づけた。その後研究グループは、親（P）と子ども（C）がさらに2つの側面を持っていることを明らかにし、図14-11のように5つの自我状態を想定したのである。

　この5つの自我状態に、どのようなエネルギーが配分されているかを明らかにしようとするのが、構造分析である。

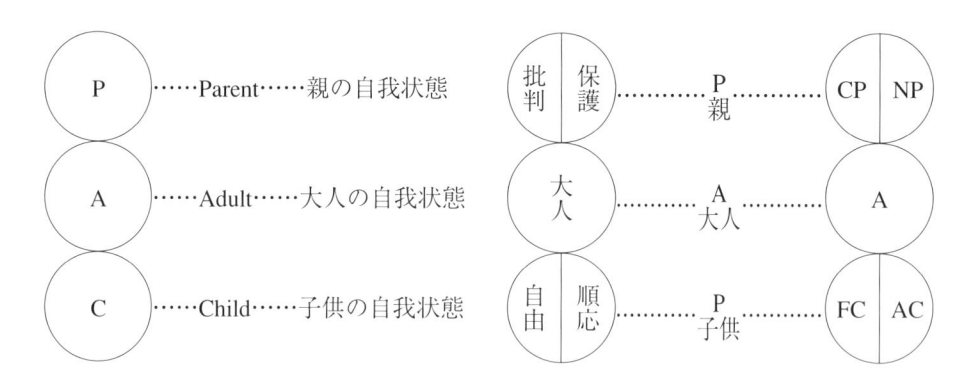

図 14-10　自我状態　　　　　　図 14-11　5つの自我状態
（杉田峰康（2004）『交流分析　講座サイコセラピー第8巻』　日本文化科学社.）

## 14.12.2　5つの自我状態
次にこの自我状態を1つずつ見ていこう。

### 14.12.2.1　親の自我状態（Parent：P 以下 P と略す）

これは実際の親、教師、上司などから直接に取り入れた部分である。Pには次の2つの面がある。

① **批判的な親**（Critical Parent：CP）

心の中の、父親的な、道徳的厳しさ、批判的、責任感、真面目、理想の追求などが中心となる。まさに良心、道徳心といえる。CPの高い人は、自分にも厳しく、他人にも厳しい人であり、自己主張も強いと考えられる。否定的側面としては、支配的、威圧的、厳しすぎる、偏見を持つなどがあげられる。言うまでもないことだが、父親的といっても、男親という意味ではなく、男女を問わず、誰の中にもある心の働きである。

② **養育的な親**（Nurtureing Parent：NP）

やさしさ、思いやり、保護的、協調性などが中心となる側面である。NPが高い人は、困った人を見ると、手を差し伸べずにはいられなくなる。否定的側面としては、甘やかし、過保護、過干渉、世話のしすぎなどがあげられる。

### 14.12.2.2　大人の自我状態（Adult：A）

私たちの人格の中で、事実にもとづいて物事を判断しようとする、理性的、合理的な部分である。Aは、情報の収集、分析、客観的理解、現実的判断、などが中心となる。

Aが高い人は、その力が強いといえるだろう。その反面、Aが高すぎると、冷たい、人情味に欠ける、人の気持ちより、事実を優先するなどの面が見られる。反対に、Aが低すぎる場合には、筋道を立てて考えることが苦手で、動揺しがちな人だといえる。

### 14.12.2.3　子どもの自我状態（Chird：C）

私たちが子ども時代に実際に感じたり、行動したりしたことそのもの、またはそれに似た感じや行動である。人間の内部に存在している幼児性・インナー・チャイルドの部分でもある。子どもの自我状態も2つにわけられる。

① **自由な子ども**（Free Child：FC）

人生を十分楽しむ態度を指す。天真爛漫な子どもの心を、自分の中に強く持っている人ともいえる。楽しい、嬉しい、嫌だ、苦しいなど、感情を自由に表現し、自分の欲求を満たすことに価値をおく。好奇心も強く、創造的、直観的に、物事を判断する。しかし、FCのみが高すぎる場合には、わがまま、自分勝手な人として、嫌われることもある。

② **従順な子ども**（Adapted child：AC）

自分の本当の感情や欲求を抑えて、親や教師の期待に沿おうと努めている部分で、主として両親の影響のもとにできあがったものである。周囲に気を使う気配りの人でもあり、自分がやりたくないことでも、命じられればそれにしたがうし、やりたいことがあっても、「周囲がどう思うか？」と気をめぐらせて我慢する。周囲からは、素直、協調性がある「いい子」と見られがちだが、自分の自発性や積極性を抑えることによって、内面に怒りを貯めこんでいる場合もある。

この5つの自我状態は、やさしい日常用語を使ったものであるだけに、交流分析に関する、ある程度の知識があれば、自己理解の1つの手がかりとして、有効性が認められるものである。

### 14.12.3　エゴグラム

人間の心的エネルギーの量を測ろうとするのが、エゴグラムである。エゴグラムは、バーンの直弟子であるデュセイ（Dusay, J, M. 1977-）によって創案されたものである。彼は「エゴグラムとは、それぞれのパーソナリティの各部分同士の関係と、外部には放出している心的エネルギーの量を棒グラフで示したものである」と定義している（図14-12参照）。デュセイは直感でエゴグラムを書くことを示唆しているが、その後多くの研

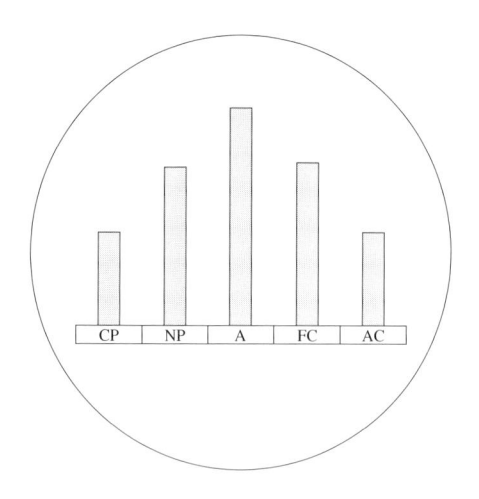

図 14-12　エゴグラム（デュセイ,(2000)
『エゴグラム』 創元社.）

究者によって、5つの自我状態を明らかにする質問紙が作られ、それが一般的となってきた。エゴグラムは、人それぞれのユニークな側面を示すものではあるが、固定したものではない。状況や期待された役割が違えば、結果は違ってくる。たとえば、①家庭にいるときの自分、②職場にいるときの自分、③それ以外の場での自分などを想定しながら答えてみると、プロフィールが違ってくることもある。

パーソナリティの語源は、ギリシャ語のペルソナ（仮面）からきている通り、誰もが、その場の状況、自分の役割などに応じて、いくつかの仮面を使いわけるのが普通の姿であり、エゴグラムの質問に答えるときも、どんな場面を想像するかによって、結果が異なるのは当然のことである。

## 14.12.4　タイプ別エゴグラム

デュセイは自我状態を棒グラフで表現したが、その後の研究で、折れ線グラフの方がその人の特徴を理解しやすいことが明らかになり、折れ線グラフによるプロフィールが使われるようになった。以下、それぞれのタイプを見てみよう（図14-13参照）。

### 14.12.4.1　相談に訪れる方に多いタイプ

① W型

CPが高く、NPが低い、またACも高い。Aはそれほど高くなく、FCも低い。高いCPとACで自分を責めることが得意である。Aが低いので、現実的に考えるよりも、思いこみで決めつけがちである。このタイプの人は、自分にやさしくできず、感情を自由に表現するのも苦手なため、苦しさから抜け出せないことが多い。

② V型

W型とよく似ている。高いCPで自分を批判し、それに対応して、ACが「すみません、わたしが悪かった」というパターンになりやすい。NP、A、FCが低いので、つらい堂々巡りから抜け出し難い。

### 14.12.4.2 楽観的で、生きやすいタイプ

① **M型**

CPが低く、NPが高い。Aはほどほど。FCが高く、ACは低い。このタイプの人は、人生を楽しみながら生きている。

② **ヘ型**

NPが高く、あとの項目はほどほどである。このタイプは、日本人の平均タイプともいわれ、人間関係が円満で、ストレスも少ない、と考えられる。

### 14.12.4.3 献身的なタイプ

① **N型**

CPが低く、NPとACがとても高い。Aはほどほどであることが多いが、FCが低いのが特徴的である。このタイプの人は、他人には献身的につくすが、自分はほとんど楽しまない人である。教師、福祉職、看護師などに多いが、他人にサービスをする職業の場合にも、N型が見られることもある。周囲にとっては、とても有難い存在ではあるが、人に尽くし続けると、「燃えつき症候群」になる恐れもある。

### 14.12.4.4 その他のタイプ

以上、あげたタイプのほかに、さまざまなプロフィールがある。

どの項目もほぼ同じ得点で、平らなプロフィールで、特徴のつかみ難い人もいるし、自己主張のみが強い頑固なタイプ、やさしくて思いやりが強いタイプ、理性的で冷静すぎるタイプ、人生を思う存分楽しむタイプ、人に気を使ってばかりで人生を楽しめないタイプなど、1人として同じプロフィールの人はいないといっていいだろう。

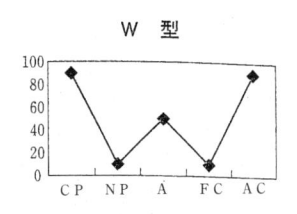

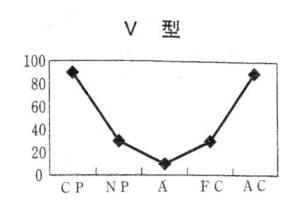

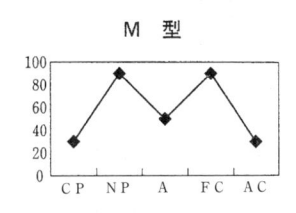

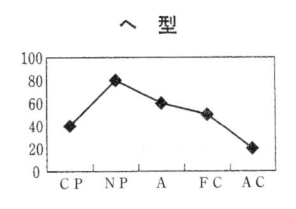

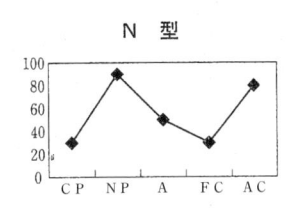

図 14-13
（原千恵子・奥村水沙子（2003）『実践から学ぶやさしい臨床心理学』学苑社.）

エゴグラムは、どのプロフィールがよくて、どのプロフィールが悪いというものではない。ただ、自分のプロフィールでは苦しい生き方になると考えたら、望ましいプロフィールを目指して、努力をすればよい。その場合、高すぎる部分を低めるより、低い部分を高めていくほうがやりやすく、成果があがるものである。

参考文献

Berne, E. 南博訳（1976）『人生ゲーム入門－人間関係の心理学』 河出書房新社.

Eric Berne（1960） Transactional Analysis in Psycho－therapy

Dusay, J. 新里里春訳 池見酉次郎監修（2000）『エゴグラム：ひと目でわかる性格の自己診断』 創元社.

池見酉次郎・杉田峰康（1998）『セルフ・コントロール』 創元社.

杉田峰康（2004）『交流分析 講座サイコセラピー第8巻』 日本文化科学社.

TEG研究会（1991）『TEG（東大式エゴグラム）活用マニュアル・事例集』 金子書房.

## 14.13　EMDR

### 14.13.1　EMDRの誕生

EMDR（Eye Movement Desensitization and Reprocessing）はフランシーヌ・シャピロ（Francine, S. 年齢は明かでない）が創案した、眼球運動によって、外傷記憶を処理する新しい心理療法である。眼球運動とは、セラピストが2本の指をクライエントの顔の前に立て、指を左右に動かしクライエントがそれを目で追うという一見単純に思われる技法である。シャピロは英文学を専攻していたが、ウオルピの行動療法に長く興味を持っていた。シャピロは自分の病気（ガン）を契機にカリフォルニアの臨床心理学大学院、博士課程に入学したが、1987年のある日公園を散歩していたときに、自分の抱いていた何か嫌な思考が突然消失したことに気づいた。シャピロは以前から嫌な思考が「堂々巡り」に陥ることを経験から知っていたので、突然の消失がなぜ生じたのか、細かく注意を向け始めた。そこで気づいたのは、嫌な思考が浮かんできたとき、自分の眼が自発的にきわめて素早く往復運動を始めたこと、そしてその思考を再度思い出そうとすると、否定的な力が大幅に薄らいでいたことだった。

シャピロは、約6か月間、70人あまりの人々にEMDRを施行し、確実に悩みを和ら

げるような標準的な手続きを開発した。その結果、トラウマからくる思考、信念、恐怖、身体反応などがこれで取り除けることがわかった。そこで、ベトナム帰還兵や、性的暴行を受けた女性にこの方法を実施しEMDRを構造化していった。その後、他の研究者たちによって、厳しく統制された経験的研究が行なわれており、複雑性PTSD、解離性障害、分娩後のうつ、人格障害、低い自己評価が原因となっている症状などに広く利用されるようになった。EMDRの効果を立証する報告は数多く、現在では世界中に広まっている。日本では1995年の阪神・淡路大震災のPTSDに対して試験的に導入され、効果が認められたことから、次第に臨床現場で使われ始めてきている。

### 14.13.2 EMDRのメカニズム

これについてはシャピロが「加速情報処理理論」（Accelarated Infomational Processing）を提示して、治療効果を説明している。強い外傷体験が起きると、私たちが普段使っている対処法が圧倒されてしまうと同時に、心的外傷のもととなった出来事およびそれに対する特殊な反応は、記憶のネットワークと考えられている場所にしまいこまれる。時がたつうちに、これらの出来事と反応は、人に備わっている防御メカニズムである解離という働きと、身体・神経の防御反応のために凍結してしまうらしい。そこで外傷が一部でも引き起こされると、全体、あるいは部分的な外傷体験が繰り返し起きることになるというのである。この理論によれば、事故や喪失、病気、虐待や暴力などを体験・目撃した人たちが、どうして何年たってもその外傷に由来する感覚のフラッシュバックや、悪夢、思考や信念などを繰り返し悩むのかが理解できる。この理論は、精神分析の無意識と抑圧の理論と重ね合わせると、興味深いものがあるだろう。

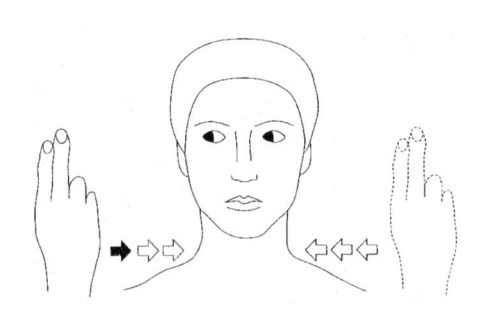

図 14-13　EMDR施行の際に用いる水平方向の手の動き（Shapiro, F.(2004)『EMDR』二瓶社.）

### 14.13.3 EMDRの実際

EMDRは次のような手続きで行なわれる。

① 症状について十分な情報を得る。職場、家庭関係でどのような悪影響が出ているか、悪夢やフラッシュバックがあるか、自分に対して否定的な認知を抱いているか、症状の引き金となった出来事などを聴き取る。この作業自体が治療効果を持つのは当然である。

② 症状発生の引き金となった出来事が明らかになったら、それを処理のターゲットとして同定する。

③ 安全な場所のイメージを決める。これは、再処理中症状が悪化したときの安全弁となる。

④ ターゲットの出来事と否定的認知をイメージしながら眼球運動を行なう。通常25回位が1セットである。

⑤ 眼球運動によってイメージが薄くなっていくが、1回のセッションで症状がまったく消失するとはかぎらないので、その場合には、安全な場所のイメージに戻り、そのセッションは不十分な形で終了する。

⑥ 何回かのセッションによって出来事のイメージが消失したら、クライエントに肯定的認知を植え付ける（インストール）。

⑦ 以上の手続きの後、クライエントの身体感覚に注意を向け、緊張感が残っているか、自分の身体の上から下まで点検する。もし緊張感が残っていたら、それをターゲットにして眼球運動を行なう。

⑧ 感情面と行動面での効果が維持され、十分に評価できたら、治療は成功したということになる。

**事例** 32歳　女性　専門学校生（OL経験あり）Rさん。

結婚を前提に2年間付きあっていた相手から「お前のワキガが臭いから嫌いだ」と言われ、振られてしまった。Rさんは年齢のこともあり、結婚を強く望んでいたので非常にショックを受け不安定で眠れなくなってしまった。眠ると振られた場面の夢を見て、ハッと飛び起きたりもした。またその少し後から、学校で友人が3～4人で小声で話しをしていると、自分のことを「臭い」、「嫌な臭いがする」と言っているような気がして、その場にいられないような状態になってしまった。さらに学校だけではなく、アルバイト先、電車の中、道を歩いていても、人が話していると「臭い」、「迷惑だ」と言っ

ているような気がして、このままでは学校にも行けなくなる、と思って相談にきた。筆者は、Rさんの症状を「恋人に振られた喪失体験による軽いPTSD」と考え、EMDRを実施したところ、10回のセッションで、症状は消失した。

　以上のようにEMDRでは、眼球運動が中心ではあるが、催眠療法やイメージ療法、身体への働きかけなど、他の心理療法から多くのものを取り入れている。また、目を動かすとめまいがする、気分が悪くなるクライエントもおり、その場合には、クライエントが膝の上に手を上に向けて置き、セラピストが掌を左右交互に叩くタッピング、あるいは耳の傍で、紙コップを使って音刺激を与えるなどの工夫がなされている。

　EMDRは単純に見えるかもしれないが、これを実際に使うには、専門的トレーニングが必要であり、技法を十分にマスターして、慎重に実施することが求められる。

参考文献

市井雅哉・熊野宏昭（1999）『こころの臨床アラカルト特集－EMDR…これは奇跡だろうか』 星和書店.

Phillips, M.　田中究監訳　浅田仁子・穂積由利子（2002）『最新心理療法：EMDR・催眠・イメージ法・TFTの臨床例』 春秋社.

崎尾英子（2003）『EMDR症例集』 星和書店.

Shapiro, F.　市井雅哉監訳（2004）『EMDR』 二瓶社.

# 事項索引

## ＜あ＞

愛着行動……………………75
アイデンティティ（自我同一性）……………………77
アイデンティティ拡散………77
アスペルガー症候群…90, 92, 93
アセスメント ………104, 108
アナログ表象………………35
アンダー・アチーバー………62
閾……………………………26
一次的欲求…………………15
一般因子（g 因子）…………58
意味記憶……………………42
意味ネットワーク……………34
色順応………………………32
印象形成……………………82
陰性残像……………………32
ウェーバーの法則……………27
ウェクスラー式……………110
うつ病………………………143
運動奥行き効果………………31
運動学習……………………136
運動残効……………………31
運動視差……………………31
エクスポージャー …………141
エゴグラム………………173
エピソード記憶………………42
M 機能 ………………………85
遠刺激………………………24
エンメルトの法則……………32
横断的研究…………………80
大きさの恒常性………………32
オーバー・アチーバー………62

## ＜か＞

オペラント型…………………54
オペラント行動 ……………136
音韻ループ…………………41

外因…………………………99
解決行動様式 ……………115
概念…………………………34
外発的動機づけ………………18
外部記憶補助…………………47
解離性障害 ………………102
拡散的好奇心…………………19
学習…………………………49
学習曲線……………………56
学習理論……………11, 136, 137
確証バイアス………………66
カクテルパーティ効果………27
仮現運動…………………12, 30
可視光線……………………32
家族画テスト………………118
加速情報処理理論 …………177
家族的類似性………………34
葛藤…………………………21
活動や探索の動機づけ………17
カテゴリー化…………………34
感覚運動学習………………56
感覚運動期…………………61
感覚間相互作用………………24
感覚記憶……………………40
感覚受容器…………………24
感覚モダリティ………………24
環境優位説…………………72
観察学習 …………………136
感情転移 …………………127
感情の明確化 ………………135

完全性対絶望…………………77
記憶…………………………38
記憶方略……………………41
幾何学的錯視………………25
気質…………………………67, 69
気分障害…………………70, 101
基本的な信頼関係……………75
記銘…………………………40
ギャング・エイジ……………76
教育心理学…………………13
強化…………………………53
強化刺激……………………53
強化スケジュール…………53
共感的理解 ………………133
共時性 ……………………131
近刺激………………………25
緊張型 ……………………100
空間の使い方 ……………150
偶発記憶……………………40
具体的操作期………………61
群化の法則…………………29
群集…………………………84
経験主義……………………10
経験主義哲学………………10
形式的操作期………………61
系統的脱感作法 …………138
ゲシュタルト心理学…………12
ゲシュタルトの法則…………12
ゲシュタルト要因……………29
ゲシュタルト療法 …………145
結晶性知能 ………………60, 78
欠乏動機……………………16
原因帰属……………………20
元型…………………………129
言語連想検査 ……………129

| | | |
|---|---|---|
| 検索………………………40 | 自己実現………………16 | 心身二元論……………10 |
| 5因子モデル……………68 | 自己超越の欲求…………17 | 身体表現性障害………102 |
| 高機能自閉症……………92 | 実験神経症……………137 | 心的回転………………35 |
| 交互性……………………84 | 質問段階………………114 | 信頼性…………………109 |
| 口唇期……………………74 | 質問紙法……………63,66 | 心理学的欲求……………15 |
| 向性………………………65 | 児童期……………………73 | 心理社会的危機…………74 |
| 構造分析………………171 | 自動思考………………143 | 親和動機…………………17 |
| 行動主義……………11,135 | 自発的回復………………52 | 推論の誤り……………143 |
| 行動分析………………138 | 自閉症…………………90,91 | スキーマ ………36,45,143 |
| 行動療法……………11,135 | 社会化……………………76 | スキナーボックス………53 |
| 広汎性発達障害 ………90,93 | 社会的学習…………55,140 | スクリプト………………45 |
| 肛門期……………………74 | 社会的学習理論………137 | 図－地の分化……………28 |
| 交流分析………………170 | 集団圧力…………………85 | 性格特性…………………66 |
| コース立体組み合わせテスト | 集団維持機能……………85 | 性器期……………………74 |
| ………………111 | 集団凝集性………………84 | 成熟優位説………………72 |
| 刻印づけ…………………72 | 縦断的研究………………80 | 成人期……………………73 |
| 心の構造論 ……………123 | 集中学習…………………56 | 精神障害…………………99 |
| 古典的条件づけ……51,136 | 自由反応段階 …………114 | 精神物理学………………10 |
| コラージュ・ボックス法 | 周辺的特性………………83 | 精神分析…………………22 |
| ………………154 | 自由連想法 ……………126 | 精神分析療法 …………163 |
| コラージュ療法 ………153 | 受動的注意集中 ………170 | 精緻化リハーサル………41 |
| | 循環気質…………………64 | 成長動機…………………17 |
| **〈さ〉** | 順応………………………27 | 青年期……………………73 |
| 最小変化の原理…………31 | 順応水準…………………27 | 生の欲望 ………………157 |
| 再保証…………………135 | 障害者基本法……………87 | 生物学的欲求……………14 |
| 催眠性トランス状態 …162 | 消去………………………52 | 生理的早産………………75 |
| 催眠分析療法 …………163 | 条件刺激…………………51 | 積極的強化法…………139 |
| 催眠療法 ………………161 | 条件反射…………………51 | 積極的傾聴法…………132 |
| サイン・ゲシュタルト説…54 | 成就指数…………………61 | 絶対閾……………………27 |
| 作動記憶（ワーキング・メモ | 成就値……………………61 | 節約率……………………38 |
| リー）…………………41 | 状態不安………………119 | セルフエフィカシー ……141 |
| 3次元知覚………………31 | 除外学習………………139 | セルフコントロール |
| シェイピング…………140 | 自律訓練法…………139,164 | ………………141,168 |
| 自我状態 ………………171 | 人格障害…………………70 | セロトニン………………69 |
| 視・空間スケッチパッド…41 | 神経症…………………101 | 前意識…………………123 |
| 自己………………………130 | 神経伝達物質…………69,70 | 宣言的（顕在）記憶………42 |
| 試行錯誤説………………50 | 新行動主義………………12 | 漸進的筋弛緩法 ………139 |
| 自己効力感……………19,20 | 心身医学………………165 | 潜在学習…………………54 |

181

| | | |
|---|---|---|
| 全習法‥‥‥‥‥‥‥‥56 | 貯蔵‥‥‥‥‥‥‥‥‥40 | 認知説‥‥‥‥‥‥‥‥54 |
| 前操作期‥‥‥‥‥‥‥61 | 直感像‥‥‥‥‥‥‥‥44 | 認知的均衡理論‥‥‥‥83 |
| 潜伏期‥‥‥‥‥‥‥‥74 | 月の錯視‥‥‥‥‥‥‥32 | 認知的経済性‥‥‥‥‥34 |
| 相関係数‥‥‥‥‥‥‥61 | 適刺激‥‥‥‥‥‥‥‥24 | 認知的不協和理論‥‥‥83 |
| 想起‥‥‥‥‥‥‥‥‥40 | 手続き記憶‥‥‥‥‥‥42 | 認知療法‥‥‥‥‥‥141 |
| 想起意識‥‥‥‥‥‥‥42 | 展望的記憶‥‥‥‥‥‥38 | 粘着気質‥‥‥‥‥‥‥64 |
| 双極性障害‥‥‥‥‥101 | 動因‥‥‥‥‥‥‥‥‥14 | ノルエピネフリン‥‥‥69 |
| 双生児法‥‥‥‥‥‥‥72 | 動因低減説‥‥‥‥‥‥15 | |
| 属性‥‥‥‥‥‥‥‥‥34 | 道具的条件づけ‥‥53,136 | <は> |
| | 動機づけ‥‥‥‥‥‥‥14 | パーソナリティ‥‥‥‥69 |
| <た> | 統合失調症‥‥‥‥64,70 | バウムテスト‥‥‥‥117 |
| 第一次性徴‥‥‥‥‥‥76 | 洞察説‥‥‥‥‥‥‥‥54 | 破瓜型‥‥‥‥‥‥‥100 |
| 第一次反抗期‥‥‥‥‥76 | 同調行動‥‥‥‥‥‥‥85 | 発達‥‥‥‥‥‥‥‥‥71 |
| 対人関係の認知‥‥‥‥83 | トークンエコノミー‥140 | 発達段階‥‥‥‥‥61,73 |
| 対人認知‥‥‥‥‥82,83 | ドーパミン‥‥‥‥‥‥69 | 反応‥‥‥‥‥‥‥‥‥50 |
| 対人魅力‥‥‥‥‥‥‥84 | 読字障害‥‥‥‥‥‥‥96 | 反復リハーサル‥‥‥‥41 |
| 第二次性徴‥‥‥‥‥‥76 | 特殊因子（s因子）‥‥58 | 被暗示性‥‥‥‥‥‥164 |
| 代理母模型‥‥‥‥‥‥76 | 特殊的好奇心‥‥‥‥‥19 | PFスタディ‥‥‥‥116 |
| 多因子説‥‥‥‥‥‥‥59 | 特殊練習‥‥‥‥‥‥167 | PM理論‥‥‥‥‥‥‥85 |
| 滝の錯視‥‥‥‥‥‥‥31 | 特性不安‥‥‥‥‥‥119 | P機能‥‥‥‥‥‥‥‥85 |
| 達成動機‥‥‥‥‥19,20 | 特性論‥‥‥‥‥‥‥‥66 | 非宣言的（潜在）記憶‥‥42 |
| 妥当性‥‥‥‥‥‥‥109 | トランスパーソナル心理学 | ビネー式‥‥‥‥‥‥110 |
| 短期記憶‥‥‥‥‥‥‥41 | ‥‥‥‥‥‥‥‥‥‥17 | ヒプノティズム‥‥‥162 |
| 男根期‥‥‥‥‥‥‥‥74 | | 標準練習‥‥‥‥‥‥166 |
| チェンジ・ブラインドネス | <な> | 表象‥‥‥‥‥‥‥‥‥33 |
| ‥‥‥‥‥‥‥‥‥‥27 | 内因‥‥‥‥‥‥‥‥‥99 | 不安障害‥‥‥‥‥‥102 |
| 知覚‥‥‥‥‥‥‥‥‥24 | 内的状態‥‥‥‥‥‥115 | ファンタジートリップ‥147 |
| 知覚循環‥‥‥‥‥‥‥36 | 内的枠組み‥‥‥‥‥133 | フェヒナーの法則‥‥‥27 |
| 知的好奇心‥‥‥‥‥‥19 | 内発的動機づけ‥‥‥‥18 | 輻輳説‥‥‥‥‥‥‥‥72 |
| 知能‥‥‥‥‥‥‥58,67 | 2因子説‥‥‥‥‥‥‥58 | 符号化‥‥‥‥‥‥‥‥40 |
| 知能指数‥‥‥‥‥61,111 | 2語文‥‥‥‥‥‥‥‥76 | 物体色の恒常‥‥‥‥‥32 |
| 知能偏差値‥‥‥‥‥111 | 二次的欲求‥‥‥‥‥‥15 | 不適切刺激‥‥‥‥‥‥24 |
| チャンク化‥‥‥‥‥‥41 | 乳児期‥‥‥‥‥‥‥‥73 | 普遍的無意識‥‥‥‥129 |
| 注意‥‥‥‥‥‥‥‥‥27 | 乳幼児発達検査‥‥‥119 | プライミング‥‥‥‥‥42 |
| 中心的特性‥‥‥‥‥‥83 | 認知‥‥‥‥‥‥‥‥‥33 | プライミング効果‥‥‥34 |
| 中枢制御部‥‥‥‥‥‥41 | 認知行動療法‥‥‥‥141 | フラストレーション（欲求不満）‥‥‥‥‥‥20,22 |
| 長期記憶‥‥‥‥‥‥‥41 | 認知症‥‥‥‥‥‥‥‥47 | |
| 超自我‥‥‥‥‥‥‥124 | 認知心理学‥‥‥‥‥‥13 | フラストレーション耐性‥22 |

| | | |
|---|---|---|
| フラッシュ・バルブメモリ……46 | 盲点の充填……25 | 臨床心理学……13 |
| プラトー（高原現象）……56 | 目撃証言……44 | ルビンの盃……28 |
| 分散学習……56 | 目標達成機能……85 | レスポンデント型……54 |
| 分習法……56 | モデリング学習……55 | レスポンデント行動……136 |
| 分裂気質……64 | モデリング療法……137,140 | レディネス……49 |
| 変性意識状態……162 | モラトリアム（猶予期間）……77 | 連合説……50 |
| 弁別閾……27 | 森田神経質……157 | 老年期……73 |
| 防衛機制……21, 123, 125 | 森田療法……157 | 老年期うつ病……78 |
| 忘却……40 | 問題解決……54 | ロールシャッハ・テスト……113 |
| 保持……40 | 問題箱……50 | 論理療法……141, 142 |
| 保持曲線（忘却曲線）……38 | **＜や＞** | ADHD……93 |
| 保存……74 | 野生児……72 | DAM……111 |
| ホットシート……147 | 誘因……14 | EMDR……176 |
| ポップアウト効果……27 | 誘導運動……31 | GATB……120 |
| ホメオスタシス……15 | 夢……131 | HDS-R……111 |
| 盆景……149 | 夢のワーク……148 | LD……90, 95 |
| **＜ま＞** | 幼児期……73 | MMPI……118 |
| マガジン・ピクチャー・コラージュ法……154 | 幼児性欲論……123 | NEO-PI-R……68 |
| まわり道問題……54 | 欲求……14, 19, 115 | SCT……117 |
| 無意識……12, 123 | 欲求の階層……16 | SDS……119 |
| 無意味つづり……38 | **＜ら＞** | STAI……119 |
| 無条件刺激……51 | リーダーシップ……85 | TAT……114 |
| 無条件反応……51 | 立体モデル……59 | TCI……70 |
| メスメリズム……162 | リビドー……22, 124 | TOT……46 |
| メタ記憶……47 | 流動性知能……60, 78 | VPI……120 |
| メタ認知……47 | 両眼視差……32 | WAIS-R……111 |
| 妄想型……100 | リラクセーション……164 | WPPSI……111 |
| 盲点……25 | 臨界期……72 | WISC-Ⅲ……111 |
| | | YG……118 |

# 人名索引

| | | |
|---|---|---|
| **＜あ＞** | アッシュ……82 | ウェーバー……10 |
| アイゼンク……67 | アドラー……12 | ウェクスラー……58 |
| アスペルガー……93 | アリストテレス……10 | ウェルトハイマー……12 |
| | ウィットマー……105 | ウォルピ……138 |

| | | |
|---|---|---|
| ヴント……………………11 | ダーウィン………………11 | ベルネーム………………162 |
| エビングハウス…………38 | ターマン…………………110 | ボールビィ…………………75 |
| エリクソン………………74 | 田中寛一…………………110 | ホランド…………………120 |
| エリス……………………141 | ダラード…………………22 | ポルトマン…………………75 |
| オールポート……………63 | ツァン……………………119 | |
| オドバード………………66 | デカルト…………………10 | <ま> |
| | トールマン……………12,54 | マクレー…………………68 |
| <か> | | マスロー…………………16 |
| カーマイケル……………42 | <な> | マレー……………………114 |
| カナー……………………91 | ニューガーデン…………80 | 三隅………………………85 |
| カルフ……………………149 | ニューカム………………84 | メスメル…………………162 |
| 河合隼雄…………………149 | | モーガン…………………114 |
| キャッテル………………67 | <は> | 森田正馬…………………157 |
| キャノン…………………15 | バークリー………………10 | |
| ギルフォード……………59 | バート…………………61,72 | <や> |
| ケーラー………………12,54 | ハーロウ…………………76 | 矢田部達郎………………118 |
| ゲゼル……………………72 | バーン……………………170 | ユング……………65,128,129 |
| クレッチマー……………64 | ハイダー…………………83 | |
| クロニンジャー…………69 | パブロフ…………51,135,137 | <ら> |
| コスタ……………………68 | ハル………………………12 | ライチャード……………80 |
| コッホ……………………117 | バンデューラ……20,55,141 | ラザルス…………………141 |
| コフカ……………………12 | ピアジェ………………61,74 | リエボー…………………162 |
| | ビネー……………………60 | ルリア……………………44 |
| <さ> | ヒューム…………………10 | レヴィン………………12,21 |
| サーストン………………59 | ビューラー………………148 | ローエンフェルト………148 |
| シェルドン………………64 | フェスティンガー………83 | ローゼンツワイク………22 |
| シャクター………………17 | フェヒナー………………10 | ローレンツ………………72 |
| シャルコー………………162 | フォークト………………164 | ロジャーズ……………12,132 |
| シュテルン………………72 | フランシーヌ・シャピロ | ロック……………………10 |
| シュプランガー…………64 | …………………………176 | ロフタス…………………44 |
| シュルツ…………………164 | ブランスフォード………45 | |
| スキナー………………11,53,137 | ブレイド…………………162 | <わ> |
| 鈴木治太郎………………110 | フレデリック・パールズ | ワイナー…………………20 |
| スピアマン………………58 | …………………………145 | ワトソン………………72,136,137 |
| ソーンダイク……………50 | フロイト……………123,163 | |
| | ブロイラー………………163 | |
| <た> | ベック…………………141,143 | |

## 著者紹介（初版時）

**編者　原　千恵子**：東京福祉大学大学院研究科臨床心理学専攻　教授
（第1章、第9章2、第9章5.1、第9章6、第11章5、第12章、第13章、第14章2、第14章3、第14章7）

**佐瀬竜一**：大阪国際大学人間科学部人間健康科学科　講師
（第2章、第14章4、第14章5、第14章11）

**小泉晋一**：岐阜聖徳学園大学教育学部学校心理課程　准教授
（第3章、第8章、第14章10）

**和田有史**：独立行政法人　農業・食品産業技術総合研究機構　食品総合研究所　食認知学ユニット　主任研究員
（第4章）

**山下雅子**：文教大学生活科学研究所　研究員
（第5章）

**関口洋美**：公立大学法人大分県立芸術文化短期大学情報コミュニケーション学科　専任講師
（第6章、第7章、第9章1、第9章3、第9章4、第9章5.2～5.6、第10章）

**森田啓吾**：御影保育専門学院　学院長／社会福祉法人　白百合学園　スーパーバイザー
（第11章1～4）

**奥村水沙子**：心理相談室O（オー）　室長
（第14章1、第14章6、第14章9、第14章12、第14章13）

**佐野友泰**：札幌学院大学人文学部臨床心理学科　准教授
（第13章13.1.1.1.②、14章8）

---

心理学　AtoZ
基礎から臨床まで　　　　　　　　　　　　　　　　　　　　　　　©2007

2005年10月20日　初版第1刷発行
2015年1月25日　初版第5刷発行

編著者　原　千恵子
発行者　杉本　哲也
発行所　株式会社学苑社
東京都千代田区富士見 2-10-2
電　話　03（3263）3817
F A X　03（3263）2410
振　替　00100-7-177379
印　刷　藤原印刷株式会社
製　本　株式会社難波製本

検印省略　　　　　　　　　　　　乱丁・落丁はお取り替えいたします。
　　　　　　　　　　　　　　　　定価はカバーに表示してあります。

ISBN978-4-7614-0509-0　C3011

## 高齢者カウンセリング
▼傾聴からはじまる出会い

原千恵子 著●四六判／本体1800円＋税

400回以上施設を訪問した臨床心理士である著者の実体験から、高齢者との心の伝え方、受け止め方を学ぶことができる。

## 学生相談と発達障害

高石恭子・岩田淳子 編著●四六判／本体2000円＋税

学生相談を行なうカウンセラーや教職員が、「発達障害」をめぐって直面する疑問や困難を取り上げ、対応を模索する。

## ひきこもりと大学生
▼和歌山大学ひきこもり回復支援プログラムの実践

宮西照夫 著●四六判／本体2000円＋税

行き詰まった家族には、ひきこもり経験者が入り、空気を変えることが必要であると説く著者が、独自のプログラムを解説。

## 学生相談ハンドブック

日本学生相談学会50周年記念誌編集委員会 編●A5判／本体4500円＋税

多様な側面がある学生相談について、キャンパス全体を視野に入れた専門的な実践方法など具体的に提示。

## 懐かしさ出会い療法
▼動作法による懐かしさの活性化をめざした回想法

今野義孝 著●A5判／本体2500円＋税

懐かしさと出会うことにより、自己存在の実感へとつながった高齢者を中心に、懐かしさ出会い療法の方法と実際を詳述。

## とけあい動作法
▼心と身体のつながりを求めて

今野義孝 著●A5判／本体2800円＋税

つながりを失った心と身体の再生し、人と人との温かいつながりを取り戻す本技法の具体的な進め方や実践を詳細に解説。

## 親子でできる引っ込み思案な子どもの支援

C・A・カーニー 著　大石幸二 監訳●A5判／本体2200円＋税

引っ込み思案を克服するためのワークシートを活用した練習方法、ソーシャルスキルやリラクセーションなどを紹介。

## 場面緘黙Q&A
▼幼稚園や学校でおしゃべりできない子どもたち

かんもくネット 著　角田圭子 編●B5判／本体1900円＋税

72のQ&Aをベースに、緘黙経験者や保護者らの生の声などを載せた110のコラム、そして17の具体的な実践で構成。

## どうして声が出ないの？
▼マンガでわかる場面緘黙

金原洋治 監修　はやしみこ 著　かんもくネット 編●A5判／本体1500円＋税

「なぜ声が出ないのか、どうすればよいのか」を具体的にマンガで説明。適切な対応の手引き書となる。

## 新スクールソーシャルワーク論
▼子どもを中心にすえた理論と実践

山下英三郎・内田宏明・牧野晶哲 編著●A5判／本体2500円＋税

スクールソーシャルワークを「子どもの側からの実践」とするために重要な理論的事項や実践展開におけるポイントを解説。

## 相談援助
▼子どもたちとの関わりを中心に　自らを問い・可能性を感じとる

山下英三郎 著●A5判／本体2000円＋税

ソーシャルワークやソーシャルワーカーの役割や機能及び考え方や活動について日常の語り口で易しく述べる。

---

〒102-0071　東京都千代田区富士見2-10-2　**学苑社**　TEL 03-3263-3817（代）　FAX 03-3263-2410
http://www.gakuensha.co.jp/　info@gakuensha.co.jp